Psalmen, Lobgesänge und geistliche Lieder

Impressum:
Medieninhaber / Verlagsort: Markus Pilz, Schildlehen 35 / Vorberg 38, 8972 Ramsau am
    Dachstein
Hersteller: Amazon Kindle-Direct Publishing (KDP), Amazon.com, Inc. und
    Tochtergesellschaften
Herstellungsort: siehe Abdruck auf der letzten Seite
Bibelübersetzung: Lutherbibel von der englischen Trinitarian Bible Society (German
    Bible)
Text, Melodie und Design: Die Liedtext-Setzung selbst, die Melodie und das Design ist
    gemeinfrei, kein Copyright

Melodie

Passend für alle Lieder (die Melodie und alle Lieder sind in „gewöhnlicher Metrik" geschrieben, in Englisch genannt „Common Meter", das sind 8 6. 8 6 Silben)

1   Psalm 1

Wohl dem, der nicht wandelt im Rat / der Gottlosen noch tritt / auf den Weg der Sünder noch sitzt, / da die Spötter sitzen, … sondern hat Lust zum Gesetz des / HERRN und redet von sei'm / Gesetz Tag und Nacht! Der ist wie / ein Baum, gepflanzt an den … Wasserbächen, der seine Frucht / bringt zu seiner Zeit, und / seine Blätter verwelken nicht; / was er macht, gerät wohl. … Aber so sind die Gottlosen / nicht, sondern wie Spreu, die / der Wind verstreut. Darum bleiben / die Gottlosen nicht im … Gericht noch die Sünder in der / Gemeinde der Gerech-ten. Denn der HERR kennt den Weg der / Gerechten; aber der … Gottlosen Weg vergeht.

2 (1)   Psalm 2

Warum toben die Heiden, und / die Völker reden so / vergeblich? Die Könige der / Erde lehnen sich auf, … und die Herren ratschlagen mit-einander wider den / HERRN und seinen Gesalbten: „Lasst / uns zerreißen ihre … Bande und von uns werfen ih-re Seile!" Aber der / im Himmel wohnt, lacht ihrer, und / der Herr spottet ihrer. … Er wird einst mit ihnen reden / in seinem Zorn, und mit / seinem Grimm wird er sie schrecken. / „Aber ich hab meinen … König eingesetzt auf meinem / heiligen Berg Zion." / Ich will von der Weise predi-gen, dass der HERR zu mir … gesagt hat: „Du bist mein Sohn, heut / habe ich dich gezeugt: / heische von mir, so will ich dir / Heiden zum Erb geben … und der Welt Enden zum Eigen-tum. Und du sollst sie mit / einem eisernen Zepter zer-schlagen; wie Töpfe sollst … du sie zerschmeißen." So lasst euch / nun weisen, ihr Köni-ge, und lasset euch züchtigen, / ihr Richter auf Erden! … Dienet dem HERRN mit Furcht und freu-et euch mit Zittern! Küsst / den Sohn, dass er nicht zürne und / ihr umkommt auf dem Weg; … denn sein Zorn wird bald entbrennen. / Aber wohl allen, die / auf ihn trauen!

2 (2)   **Psalm 2**

Warum toben die Heiden, und / die Völker reden so / vergeblich? Und die Könige / der Erd lehnen sich auf, … sie ratschlagen wider den HERRN / und seinen Gesalbten, / die Herren sprechen: „Lasst uns zerr-eißen ihre Bande," … sie sprechen: „Lasset uns von uns / werfen ihre Seile!" / Aber der im Himmel wohnt, lacht / ihrer, der HERR spottet. … Er wird einst mit ihnen reden / in seinem Zorn und mit / seinem Grimm wird er sie schrecken. / Doch sein König thront schon. … „Ja, ich habe meinen König / eingesetzt in Zion. / Zu meiner Rechten sitzt Christus / als das Haupt der Kirche." … Ich will den Ratschluss verkünden, / der HERR hat mir gesagt: / „Du bist mein Sohn, heut hab ich dich / gezeugt: heische von mir, … ich will dir Heiden zum Erbe / geben, der Welt Enden / zum Eigentum und du sollst sie / mit eiser'm Zepter schlag'n; … sollst sie wie Töpfe zerschmeißen." / So lasst euch nun weisen, / ihr Könige, und lasset euch / züchtigen, ihr Richter! … Dient dem HERRN mit Furcht und freut euch / mit Zittern! Küßt den Sohn, / dass er nicht zürne und ihr um-kommet auf dem Wege; … denn sein Zorn wird bald entbrennen. / Aber wohl allen, die / auf ihn trauen! Wohl allen die / Jesus Christus trauen!

3   **Psalm 3**

Nach dem Psalm Davids, da er floh vor seinem Sohn Absalom.

Ach HERR, wie sind meiner Feinde / so viel und setzen sich / so viele wider mich! Viele / sagen von meiner Seel: … Sie hat keine Hilfe bei Gott. (Zwischenspiel)
Aber du, HERR, bist der Schild für / mich und der mich zu Ehr'n / setzet und mein Haupt aufrichtet. / Ich ruf mit meiner Stimm … zu dem HERRN; so erhört er mich / von seinem heiligen / Berge. (Zwischenspiel)

Ich liege und schlafe und er-wach; denn der HERR hält mich. / Ich fürchte mich nicht vor vielen / Tausenden um mich her. … Auf, HERR, hilf mir, mein Gott! denn du / schlägst alle meine Feind / auf den Backen und zerschmetterst / der Gottlosen Zähne. … Beim HERRN findet man Hilf. Dein Se-gen komm über dein Volk! (Zwischenspiel)

4   **Psalm 4**

Nach dem Psalm Davids.

Erhöre mich Gott, wenn ich ruf, / meine Gerechtigkeit, / Gott, der du mich tröstest in Angst, / sei gnädig, erhör mich! … Liebe Herren, wie lang soll denn / mein Ehr' geschändet wer'n? / Was habt ihr das Eitle so lieb / und die Lüge so gern! … Erkennet doch, dass der HERR führt, / die Heiligen führt er, / und auf mein Gebet hört der HERR, / wenn ich ihn anrufe. … Zürnet ihr, so sündiget nicht. / Zu eurem Herz redet, / und harret auf eurem Lager, / opfert Gerechtigkeit, … opfert und hoffet auf den HERRN. / Viele fragen sich: „Wer? / Wer wird uns Gutes seh'n lassen? / Aber, HERR, erhebe, … erhebe über uns das Licht, / HERR, deines Antlitzes! / Du bist's, der mein Herz erfreuet, / über dich freu ich mich, … haben jene viel Wein und Korn, / doch bist du meine Freud, / ganz mit Frieden lieg ich und schlaf, / ich woh'n sicher durch dich.

5   **Psalm 5**

Nach dem Psalm Davids, vorzusingen, für das Erbe.

HERR, höre meine Worte, mer-ke auf meine Rede! / Vernimm mein Schreien mein König, / erhöre mich mein Gott, … denn ich will vor dir beten, HERR / früh wollest du hören, / früh will ich mich zu dir schicken, / früh will ich aufmerken. … Denn du bist ja nicht ein

Gott, dem / gottlos Wesen gefällt; / wer böse ist, bleibt nicht vor dir, / nein, sie bestehen nicht; … die Ruhmredigen bestehen / nicht vor deinen Augen; / du bist feind all Übeltätern. / Du bringst die Lügner um; … Der HERR hat Greuel an den Blut-gierigen und Falschen. / Ich aber will in dein Haus geh'n / auf deine große Güt, … und anbeten dort gegen dei-nen heiligen Tempel / in deiner Furcht. HERR, leit mich in / deiner Gerechtigkeit … um meiner Feinde willen; richt / deinen Weg vor mir her. / Denn in ihrem Munde ist nichts / Gewisses zu finden; … ihr Inwendiges ist Herze-leid. Und ihr Rachen ist / ein offenes Grab, und mit ihr-en Zungen heucheln sie. … Sprich sie schuldig, Gott, dass sie fal-len von ihr'm Vornehmen. / Stoße sie aus um ihrer gro-ßen Übertretung will'n. … Denn sie sind dir widerspenstig. / Aber lass sich freuen, / alle die auf dich trauen; e-wiglich lass sie rühmen, … denn du beschirmst sie und schützt sie / vor Feinden ringsumher; / fröhlich lass sein in dir, all die / deinen Namen lieben. … Denn du, HERR, segnest die Gerech-ten und Aufrichtigen; / du krönest sie mit deiner Gna-de wie mit einem Schild.

6   Psalm 6

Nach dem Psalm Davids, vorzusingen, auf acht Saiten.

Ach HERR, strafe mich nicht in dei-nem Zorn, und züchtige / mich nicht in deinem Grimm! HERR, sei / mir gnädig, erbarm' dich! … denn ich bin schwach; HERR, heile mich, / denn meine Gebeine / sind erschrocken, und meine See-le ist sehr erschrocken. … Ach du, HERR, wie lange! Wende / dich, HERR, und errette / meine Seele; und hilf mir um / deiner Güte willen! … Denn im Tod gedenkt man dein nicht; / wer will dir dort danken? / Ich bin so müde vom Seufzen; / und ich schwemme mein Bett, … und die ganze Nacht netze ich / mit Tränen mein Lager. / Meine Gestalt ist verfallen, / vor Trauern alt geword'n; … denn ich werde allenthalben / geängstet und bin matt. / Weicht von mir, all Übeltäter; / denn der HERR

erhört mich, ... der HERR hört mein Flehen; und mein / Gebet
nimmt der HERR an. / Es müssen alle meine Fein-de zu Schanden
werden. ... Alle meine Feinde müssen / sehr erschrecken und sie /
müssen sich zurückkehren und / zu Schanden werd'n plötzlich.

7   Psalm 7

Nach dem Psalm Davids: Die Unschuld Davids, davon er sang dem
HERRN von wegen der Worte des Chus, des Benjaminiten.

Auf dich, HERR, trau ich, mein Gott. Hilf / mir von allen meinen /
Verfolgern, hilf dass sie nicht wie / Löwen mich zerreißen, ...
errette mich, dass sie meine / Seele nicht erhaschen, / weil kein
Erretter da ist, o / mein Gott, steh du mir bei. ... HERR, mein Gott,
habe ich solches / getan und ist Unrecht / in meinen Händen; hab ich
Bö-ses vergolten, denen, ... so friedlich mit mir lebten; o-der die, so
mir ohne / Ursache feind waren, beschä-digt: so verfolg mein Feind
... meine Seele und ergreife / sie und trete mein Le-ben zu Boden
und lege meine Ehre in den Staub. (Zwischenspiel)
Stehe auf, o HERR, in deinem / Zorn und erhebe dich / über den
Grimm meiner Feinde / und wache auf zu mir, ... der du Gericht
verordnet hast, / dass sich die Völker um / dich sammeln; und über
ihnen / kehr wieder zur Höhe. ... Der HERR ist Richter über die /
Völker. Richte mich, HERR, / nach meiner Gerechtigkeit und /
Frömmigkeit, richte mich! ... Lass der Gottlosen Bosheit ein / Ende
werd'n und förd're / die Gerechten; denn du, gerech-ter Gott,
prüfest sie all; ... du prüfst die Herzen und Nieren. / Mein Schild ist
bei Gott, der / den frommen Herzen hilft. Gott ist / ein gerechter
Richter, ... ein Gott der täglich droht. Will man / sich nicht
bekehren, so / hat er sein Schwert gewetzt und sei-nen Bogen schon
gespannt ... und zielt und hat darauf gelegt / tödliche Geschosse; /
seine Pfeile hat er zuge-richtet, zu verderben. ... Siehe, der hat
Böses im Sinn; / ist schwanger mit Unglück, / und wird Lüge
gebären, hat / eine Grube gegrab'n ...hat sie ausgehöhlt und ist in /

die Grube gefallen, / die er gemacht hat und sein Un-glück wird auf ihn kommen. … Es wird auf seinen Kopf kommen / und sein Frevel wird auf / seinen Scheitel fallen. Und ich / dank dem HERRN von Herzen. … Ich danke dem HERRN um seiner / Gerechtigkeit willen / und will loben den Namen des / HERRN, des Allerhöchsten.

8 Psalm 8

Nach dem Psalm Davids, vorzusingen, auf der Gittith.

HERR, unser Herrscher und König, / wie herrlich ist dein Nam / in allen Landen, du, den man / hoch lobet im Himmel! … Aus dem Munde der jungen Kin-der und Säuglinge hast / du eine Macht zugerichtet / um deiner Feind willen, … aus dem Mund der Unmündigen / hast du Lob zugericht, / auf dass du vertilgest den Feind / und den Rachgierigen. … Wenn ich sehe die Himmel, dei-ner Finger Werk, den Mond / und die Sterne, die du berei-tet hast: Was ist der Mensch, … was ist der Mensch, dass du seiner / gedenkst, und was ist des / Menschen Kind, dass du dich seiner / erbarmst und dich annimmst? … Du hast ihn wenig niedriger / gemacht denn Gott und die / Engel und mit Ehre und Schmuck / hast du ihn gekrönet. … Du hast ihn zum Herrn gemacht ü-ber deiner Hände Werk; / ja, und du hast alles unter / seine Füße getan: … Schafe und Ochsen allzumal, / dazu auch die wilden / Tiere, und die Vögel unter / dem Himmel mit dazu … und die Fische im Meer und was / im Meer geht. HERR, unser / Herrscher, wie herrlich ist dein Na-me in allen Landen!

9 (1)   Psalm 9

Nach dem Psalm Davids, von der schönen Jugend, vorzusingen.

Ich danke dem HERRN von ganzem / Herzen und erzähle / alle deine Wunder. Ich freu-e mich und bin fröhlich … in dir und lobe deinen Na-men, du Allerhöchster, / dass du alle meine Feinde / hinter sich getrieben; … sie sind gefallen und umge-kommen vor dir. Denn du / führest mein Recht und meine Sach-e aus; und du sitzest – … du thronest auf dem Stuhl, ein rech-ter Richter. Du schiltst die / Heiden und bringst die Gottlosen / um und vertilgest sie; … du vernichtest ihren Namen / immer und ewiglich. / Und die Schwerter des Feindes ha-ben alle ein Ende; … die Städte hast du umgekehrt; / ihr Gedächtnis ist um-gekommen samt ihnen. Der HERR / aber bleibt ewiglich; … er hat seinen Stuhl bereitet / zum Gericht, und er wird / den Erdboden recht richten und / die Völker recht regier'n. … Und der HERR ist des Armen Schutz, / ein Schutz in der Not und / darum hoffen sie auf dich, die / deinen Namen kennen; … denn du verlässest nicht, die dich, / HERR, suchen. Ja, Lobet / den HERRN, der zu Zion wohnt; ver-kündigt allen sein Tun! … Erzählet unter den Völkern / seine Werke! Denn er / gedenkt und fragt nach ihrem Blut; / er gedenkt der Armen … und vergisst nicht des Schreiens der / Bedrängten. HERR, sei mir / gnädig; und siehe an mein E-lend unter den Feinden, … der du mich erhebst aus den To-ren des Todes, auf dass / ich erzähle all deinen Preis / in den Toren Zions, … dass ich fröhlich sei über dei-ne Hilfe. Die Heiden / sind versunken in der Grube, / die sie zugerichtet; … ihr Fuß ist gefangen in dem / Netz, das sie gestellt und / so erkennt man, dass der HERR Recht / schafft bei dem Gottlosen. … Er ist verstrickt in dem Werk sei-ner eigenen Hände. (Zwischenspiel. Sela.)
Ach dass die Gottlosen müssten / zur Hölle gekehrt werd'n, / alle Heiden, die Gottes ver-gessen und missachten! … Denn er wird des Armen nicht so / ganz vergessen, und die / Hoffnung der Elenden wird nicht / verloren sein ewig. … HERR, stehe auf, dass die

Menschen / nicht Oberhand haben; / und lass alle Gottlosen vor / dir gerichtet werden! … Gib ihnen, HERR, einen Meister, / dass die Heiden merken / und wissen dass sie Menschen sind. (Zwischenspiel)

9 (2)   **Psalm 9**

Ich danke dem HERRN von ganzem / Herzen und erzähle / alle deine Wunder. Ich freu-e mich und bin fröhlich … in dir und lobe deinen Na-men, du Allerhöchster / denn ich war einst Finsternis, doch / nun bin ich Licht im Herrn, … mein Verstand war verfinstert, doch / nun wandle ich als Kind / des Lichts, denn du hast mich errett-et aus der finstren Macht … du bist gnädig und barmherzig / mein HERR Gott und Heiland / ich war einst ein Heide im Fleisch / ein Unbeschnittener … fern von der Bürgschaft Israels / und fremd den Bündnissen / der Verheißung und hatte kei-ne Hoffnung ohne Gott; … ich war ohne Gott in der Welt, / jetzt bin ich nahe geworden durch das Blut Christi, der / ich einst so ferne war … entfremdet vom Leben Gottes / war ich durch Unwissen, / durch die Blindheit meines Herzens / die damals in mir war … Christus hat zunichte gemacht / den Teufel, und siegte / über Satan am Kreuz und hat / die Gewalten entblößt … ich habe mich durchgerungen / durch die enge Pforte, / habe mich durch die schmale Tür / zum Leben durch gekämpft. … Ja, der HERR ist des Sünders Schutz / ein Schutz vor dem Gericht. / Darum hoffen auf dich all, die / deinen Namen kennen; … denn du verlassest nicht, die dich, / HERR, suchen. Ja, lobet / den HERRN, der in der Kirche wohnt; / verkündiget sein Tun! … Erzählet unter den Völkern / sein Evangelium! / Denn er gedenkt der Angefoch-tenen und der Sünder. … HERR, sei mir gnädig; siehe an / meine Kämpfe, der du / mich erhebst aus den Toren der / Hölle, dass ich erzähl … dass ich verkünde all deinen / Preis in den Toren des / himmlischen Jerusalems in / den Toren deiner Kirch, … dass ich fröhlich sei über dei-ne Hilfe und dein Heil. / Die Teufel sind versunken in / ihrer eignen Grube, … ihr Fuß ist gefangen im Netz, / das sie gestellt hatten. / So erkennt man, dass der HERR Recht / schafft, in ihrem Gericht. (Zwischenspiel)

Ach, dass doch die Teufel zur Höll-e fahren und alle / Gottlosen gerichtet werden, / die Gottes vergessen! … Er wird den Angefochtenen / nicht so ganz vergessen, / die Hoffnungen der Armen wer-den ewig nicht verlor'n. … HERR, stehe auf, dass das Böse / nicht Oberhand hat; und / lass alle Heiden vor dir schon / bald gerichtet werden! … Gib ihnen, HERR, einen Meister, / dass die Heiden erkenn-en, dass sie Menschen sind und ein / Hauch der ganz schnell vergeht. (Zwischenspiel)

10   Psalm 10

HERR, warum trittst du so ferne, / verbirgst dich in der Not? / Gottlose treiben Übermut, / der Elende leidet. … sie hängen sich aneinander, / erdenken böse Tück. / Denn der Gottlose rühmt sich all-da seines Mutwillens. … Der Geizige sagt dem HERRN ab / und lästert ihn und der / Gottlose meint in seinem Stolz, / er frage nicht darnach; … in allen seinen Tücken hält / er Gott für nichts. Er fährt / fort mit seinem Tun immerdar; / fern deinen Gerichten; … er handelt trotzig mit allen / seinen Feinden. Er spricht / in seinem Herzen: Ich werd nim-mermehr darniederlieg'n; … es wird für und für keine Not / haben. Sein Mund ist voll / Fluchens, Falschheit und Trugs; seine / Zung richtet Mühe an, … seine Lippen richten Arbeit / an. Er sitzt und lauert / in den Dörfern; er erwürgt die / Unschuldigen heimlich; … seine Augen späh'n nach den Ar-men. Er lauert im Ver-borgenen wie ein Löwe in / der Höhle; er lauert, … dass er den Elenden erhasch-e, und er hascht ihn, wenn / er ihn in sein Netz zieht. Er zer-schlägt und drückt nieder und … stößt zu Boden den Armen mit / Gewalt. Er spricht in sei'm / Herzen: Gott hat's vergessen; er hat sein Antlitz verborg'n, … er wird's nimmermehr sehen. Ste-he auf, HERR; Gott, erheb / deine Hand; vergiss der Elen-den nicht! Warum soll der ... Gottlose Gott lästern und in / seinem Herzen sprechen: / Du fragest nicht darnach? Du sie-hest ja, denn du schauest ... das Elend und den Jammer; es / steht in deinen Händen. / Die Armen befehlen's dir; du / bist der Waisen Helfer. ... Zerbrich den Arm des Gottlosen / und such heim das Böse, / so wird man sein gottloses We-sen nimmermehr finden. ... Der HERR ist Herrscher und König / immer und ewiglich; / all die Heiden müssen aus sei-nem Lande umkommen. ... Das Verlangen der Elenden / hörst du, HERR; ihr Herz ist / gewiss, dass dein Ohr darauf mer-ket, dass du Recht schaffest ... dem Waisen und Armen, dass der / Mensch nicht mehr trotze auf / Erden. (Zwischenspiel)

11   Psalm 11

Nach dem Psalm Davids, vorzusingen.

Ich traue auf den HERRN. Wie sagt / ihr denn zu meiner Seel: / Fliehet hin wie ein Vogel auf / eure hohen Berge? ... Denn siehe, die Gottlosen span-nen schon den Bogen und / legen ihre Pfeile auf die / Sehnen, um zu schießen, ... – um heimlich auf die Frommen zu / schießen. Und sie reißen / den Grund um, und was sollte der / Gerechte ausrichten? ... Der HERR ist in seinem heili-gen Tempel, des HERRN Stuhl / ist im Himmel; und seine Au-gen prüfen die Menschen; ... seine Augenlider sehen / darauf. Der HERR prüft den / Gerechten; und seine Seele / hasst die gerne freveln. ... Er hasst den Gottlosen und wird / regnen lassen über / sie Blitze, Feuer und Schwefel, / wird ihn'n ein Wetter geb'n. ... Er wird ihnen ein Wetter zum / Lohn geben. Der HERR ist / gerecht und hat Gerechtigkeit / lieb; die Frommen schau'n ihn.

12   Psalm 12

Nach dem Psalm Davids, vorzusingen, auf acht Saiten.

Hilf, o HERR! die Heiligen ha-ben abgenommen, und / der Gläubigen ist wenig un-ter den Menschenkindern. ... Einer redet mit dem ande-ren unnütze Dinge; / und sie heucheln und lehren aus / uneinigem Herzen. ... Der HERR wolle ausrotten al-le Heuchelei und er / wolle zerschlagen die Zunge, die da redet im Stolz, ... die da sagen: Unsere Zung / soll Oberhand haben, / uns gebühret zu reden; und / wer ist schon unser Herr? ... Weil denn die Elenden verstört / werden und die Armen / seufzen, will ich auf, spricht der HERR; / ich will Hilfe schaffen ... ich will eine Hilfe schaffen / dem, der sich darnach sehnt. / Die Rede des HERRN ist lauter / wie durchläutert Silber ... wie Silber im irdenen Tie-gel, bewährt siebenmal. / Du, HERR, wollest die Heiligen / bewahren und schützen, ... du woll'st uns behüten vor die-sem Geschlecht ewiglich! / Denn es wird allenthalben voll / Gottloser, wo solche ... nichtswürdige Leute hier un-ter den Menschen herrschen.

13   Psalm 13

Nach dem Psalm Davids, vorzusingen.

HERR, wie lange willst du mein so / gar vergessen? Wie lang / verbirgst du dein Antlitz vor mir? / Wie lang soll ich sorgen ... in meiner Seele und mich än-gsten in meinem Herzen / täglich? Wie lange soll sich mein / Feind über mich erheb'n? ... Schaue doch und erhöre mich, / HERR, mein Gott! Erleuchte / meine Augen, dass ich nun nicht / im Tode entschlafe, ... dass nicht mein Feind rühme, er sei / mein mächtig geworden, / meine Widersacher sich nicht / freu'n, dass ich niederlieg. ... Ich hoffe aber darauf, dass / du so gnädig bist und / dich erbarmst; und mein Herz freut sich, / dass du so gerne hilfst. ... Ich will dem HERRN singen und will / ihn von

Herzen loben, / dass er so wohl an mir tut und / dass er mir gnädig ist.

14   **Psalm 14**

Nach dem Psalm Davids, vorzusingen.

Die Toren sprechen in ihrem / Herzen: Es ist kein Gott. / Sie taugen nichts und sind ein Greu-el mit ihrem Wesen; … da ist keiner, der Gutes tu. / Der HERR schaut vom Himmel / auf der Menschen Kinder, dass er / seh, ob jemand klug sei … und ob jemand nach Gott frage. / Aber sie sind alle / abgewichen und allesamt / untüchtig geworden; … da ist keiner, der Gutes tut, / ja, ist auch nicht *einer*. / Will denn der Übeltäter nun / keiner auf das merken, … all jenen, die mein Volk fressen, / auf dass sie sich nähren; / aber den HERRN rufen sie nicht / an? Da fürchten sie sich; … denn Gott ist bei dem Geschlecht der / Gerechten. Ihr aber / schändet des Armen Rat; doch Gott / ist seine Zuversicht. … Ach dass die Hilfe aus Zion / über Israel käm, / ach, dass der HERR sein gefangen / Volk bald erlösete! … So würde Jakob fröhlich sein / und Israel sich freu'n. (Zwischenspiel)

15   **Psalm 15**

Nach dem Psalm Davids.

HERR, wer wird wohnen in deiner / Hütte und deinem Zelt? / Wer wird bleiben auf deinem hei-ligen Berge oben? … Wer ohne Tadel einhergeht / und recht tut und redet / die Wahrheit von Herzen; wer mit / seiner Zung nicht verleumd't … und wer seinen Nächsten kein Ar-ges tut und der seinen / Nächsten nicht schmäht; und wer die Gott-losen für nichts achtet, … sondern wer ehrt die Gottesfürch-tigen und Heiligen; / und wer sich selbst zum Schaden schwört / und hält dennoch sein Wort; … wer sein Geld nicht auf Wucher gibt /

und nimmt nicht Geschenke / gegen den Unschuldigen: wer / das tut, wird wohl bleiben.

16   **Psalm 16**

Nach dem gülden Kleinod Davids.

Bewahre mich mein Gott; denn ich / traue auf dich. Und ich / hab gesagt zu dem HERRN, meinem / Gott: Du bist ja der HERR; … ich weiß von keinem Gute au-ßer dir, mein Gott. Und an / den Heiligen, so auf Erden / sind, hab' ich mein Gefall'n. … Und an den Herrlichen hab ich / all mein Gefallen. Doch / jene, die einem andern nach-eilen, werden's büßen … solche werden groß Herzeleid / haben. Ich will ihre / Trankopfer mit Blut nicht opfern / noch ihr'n Nam im Mund führ'n. … Der HERR aber ist mein Gut und / mein Teil; und du erhältst / mein Erbteil. Das Los ist mir ge-fallen aufs Liebliche; … mir ist ein schön Erbteil geword'n. / Ich lob' den HERRN, der mir / geraten hat; auch züchtigen / mich meine Nier'n des Nachts. … Ich habe den HERRN allezeit / vor meinen Augen; denn / er ist mir zur Rechten, und so / werde ich fest bleiben. … Darum freut sich mein Herz, und mei-ne Ehre ist fröhlich; / auch mein Fleisch wird sicher liegen, / es wird behütet sein. … Denn du wirst meine Seele nicht / dem Tode lassen und / wirst nicht zugeben, dass dein Hei-liger verwesen wird. … Du tust mir kund den Weg zum Leb'n; / vor dir ist Freud die Füll / und liebliches Wesen zu dei-ner Rechten ewiglich.

17   **Psalm 17**

Nach dem Gebet Davids.

HERR, erhör die Gerechtigkeit, / merke auf mein Schreien; / vernimm mein Gebet, welches nicht / aus falschem Munde geht. …

Sprich du in meiner Sache und / schaue du auf das Recht. / Du prüfst mein Herz und siehst nach ihm / des Nachts und läuterst mich, ... du läuterst mich und findest nichts. / Ich hab mir vorgesetzt, / dass mein Mund nicht soll übertre-ten. Ich bewahre mich ... in dem Wort deiner Lippen vor / Menschenwerk, vor dem Weg / des Mörders. Erhalt meinen Gang / auf deinen Fußsteigen, ... dass meine Tritte nicht gleiten. / Ich rufe zu dir, dass / du, Gott, wollest mich erhören; / neige deine Ohren ... zu mir, höre meine Rede. / Und beweise deine / wunderbare Güt, du Heiland / derer, die dir vertrau'n, ... wider die, so sich gegen dei-ne rechte Hand setzen. / Und behüte mich wie einen / Augapfel im Auge, ... beschirme mich unter dem Schat-ten deiner Flügel vor / den Gottlosen, die mich verstö-ren, vor meinen Feinden, ... die Gottlosen, die um und um / nach meiner Seele steh'n. / Ihr Herz schließen sie zu; mit ih-rem Mund reden sie stolz. ... Wo wir gehen, so umgeben / sie uns; und sie richten / ihre Augen dahin, dass sie / uns zur Erde stürzen; ... gleichwie ein Löwe, der des Raubs / begehrt, wie ein junger / Löwe, der in der Höhle sitzt. / HERR, mache dich auf und ... überwältige ihn und de-mütige ihn, errett / und hilf meiner Seel von dem Gott-losen mit deinem Schwert, ... errett mich von den Leuten mit / deiner Hand, HERR, von den / Leuten dieser Welt, welche ihr / Teil hab'n in ihrem Leb'n, ... welchen du den Bauch füllst mit dei-nem Schatz, die da Söhne / die Füll haben und lassen ihr / übrig's ihren Kindern. ... Ich aber will schauen dein Ant-litz in Gerechtigkeit; / ich will satt werden, wenn ich er-wache, an deinem Bild.

Nach einem Psalm, vorzusingen; Davids, des Knechtes des HERRN, welcher hat dem Herrn die Worte dieses Liedes geredet zur Zeit, da ihn der HERR errettet hatte von der Hand aller seiner Feinde und von der Hand Sauls, und sprach:

Herzlich lieb hab' ich dich, HERR, mei-ne Stärke! HERR, mein Fels, / meine Burg, mein Erretter, Gott, / mein Hort, auf den ich trau, ... mein Schild und Horn meines Heils und / mein Schutz! Ich ruf' den HERRN, / den Hochgelobten an, so werd / ich von dem Feind erlöst. ... Mich umfingen des Todes Ban-de, und die Bäche des / Verderbens erschreckten mich. Der / Hölle Band umfing mich, ... und des Todes Stricke über-wältigten mich. Da mir / angst war, da rief ich den HERRN an / und schrie zu meinem Gott; ... ich schrie da erhörte er mei-ne Stimme von seinem / Tempel, und mein Schreien kam vor / ihn zu seinen Ohren. … Die Erde bebte und ward be-wegt, und die Grundfesten / der Berge regten sich und beb-ten, da er zornig war. …Dampf ging auf von seiner Nase / und verzehrend Feuer / ging von seinem Munde aus, so-dass es davon blitzte. … Er neigte den Himmel und fuhr / herab, und Dunkel war / unter seinen Füßen. Er fuhr / auf dem Cherub daher; … er flog daher und schwebte auf den Fittichen des Wind's. / Sein Gezelt um ihn her war fin-ster und schwarze Wolken, … er war in dicken Wolken dar-in verborgen. Vom Glanz / vor ihm trennten sich die Wolken / mit Hagel und Blitzen. … Und der HERR donnerte oben / im Himmel, der Höchste / ließ seinen Donner droben aus / mit Hagel und Blitzen. … Er schoß seine Strahlen und zer-streute sie; er ließ sehr / blitzen und schreckte sie. Da sah / man das Bett der Wasser, … und des Erdbodens Grund ward auf-gedeckt, HERR, von deinem / Schelten, und von dem Odem und / Schnauben deiner Nase. … Er streckte seine Hand aus von / der Höh und holte mich / und zog mich aus großen Wassern. / Er errettete mich … von meinen starken Feinden, von / meinen Hassern, jene, / die mir zu mächtig waren, zur / Zeit meines Unglückes … er half mir von solchen, die mich / gar überwältigten; / und der HERR ward meine Zuver-sicht und meine Hilfe. … Und er führte mich aus ins Wei-te und machte mir Raum. / Und er riss mich dort heraus; denn / er hatte Lust zu mir. … Denn, der HERR tut wohl an mir nach / meiner Gerechtigkeit; / und er vergilt mir nach der Rein-igkeit meiner Hände. … Denn ich halte die Wege des / HERRN und bin nicht gottlos / wider meinen Gott. Denn all sei-ne Recht hab ich vor Aug'n, … und seine Gebote werfe / ich nicht von mir; sondern / ich bin ohne Tadel vor ihm / und hüt mich vor Sünden. … Darum vergilt mir der HERR nach / meiner Gerechtigkeit, / nach der Reinigkeit meiner Hän-de vor seinen Augen. … Bei den Heiligen bist du hei-lig, bei den Frommen fromm, / bei den Reinen bist du rein, bei / den Verkehrten verkehrt. … Denn du hilfst dem elenden Volk, / und du erniedrigest / die hohen Augen. Denn du er-leuchtest meine Leuchte; … der HERR, mein Gott, macht meine Fin-sternis licht. Denn mit dir / kann ich Kriegsvolk zerschlag'n und ü-ber die Mauer springen. … Gottes Wege sind vollkommen; / die Reden des HERRN sind / durchläutert. Er ist ein Schild al-len, die ihm vertrauen. … Denn wo ist ein Gott außer dem / HERRN, oder wo ein Hort / außer unserem Gott? Er rüs-tet mich mit Kraft und macht … meine Wege ohne Tadel. / Er macht meine Füße / gleich den Hirschen und stellt mich auf / meine Höhen und lehrt … meine Hand streiten und lehrt mei-nen Arm einen ehern / Bogen spannen. Du gibst mir den / Schild deines Heiles, und … deine Rechte stärket mich; und / wenn du mich demütigst, / machst du mich groß. Und du machst un-ter mir Raum zu gehen, … dass meine Knöchel nicht wanken. / Ich will meinen Feinden / nachjagen und will sie ergrei-fen, und nicht umkehren, … bis ich sie umgebracht habe. / Ich will sie zerschmettern; / und alle meine Feinde sol-len mir nicht widersteh'n, … sie müssen unter meine Fü-ße fallen. Du kannst mich / rüsten mit Stärke zum Streit; du / kannst unter mich werfen, … die sich so wider mich setzen. / Und du gibst mir meine / Feinde in die Flucht, dass ich mei-ne Hasser verstöre. … Sie rufen – aber

da ist kein / Helfer – zum HERRN; aber / er antwortet ihnen nicht.
Und / ich will sie zerstoßen … wie Staub vor dem Winde; ich will /
sie wegräumen wie Kot / auf der Gasse. Und du hilfst mir / von dem
zänkischen Volk … und machst mich zum Haupt unter den /
Heiden; ein Volk, das ich / nicht kannt', dient mir; es gehorcht mir /
mit gehorsamen Ohr'n. … Den Kindern der Fremd hat's wider /
mich gefehlt; die Kinder / der Fremd verschmachten und kommen /
mit Zittern aus ihr'n Burg'n. … Der HERR lebt, und gelobt sei mein
/ Hort; und erhoben werd / der Gott meines Heils, der Gott, der / mir
Rache gibt und zwingt … die Völker unter mich; der mich / errettet
von Feinden / und erhöht mich aus denen, die / sich wider mich
setzen; … du hilfst mir von den Frevlern. Da-rum will ich dir
danken, / HERR, unter den Heiden und dei-nem Namen lobsingen,
… der seinem König großes Heil / beweiset und wohltut / seinem
Gesalbten, David und / seinem Samen ewig.

19   Psalm 19

Nach dem Psalm Davids, vorzusingen.

Die Himmel erzählen die Eh-re Gottes, die Feste / verkündigt seiner
Hände Werk. / Ein Tag sagt's dem andern, … und eine Nacht tut es
der an-dern kund. Es ist keine / Sprache noch Rede, da man nicht /
ihre Stimme höre. … Ihre Schnur geht aus in alle / Land und ihre
Rede / an der Welt Ende. Er hat der / Sonn eine Hütt gemacht; …
dieselbe geht heraus wie ein / Bräutigam aus seiner / Kammer und
freut sich wie ein Held / zu laufen ihren Weg. … Sie geht auf an
einem End des / Himmels und läuft um bis / wieder an sein End,
und bleibt nichts / vor ihrer Hitz verborg'n. … Das Gesetz des
HERRN ist vollkom-men und erquickt die Seel; / das Zeugnis des
HERRN ist gewiss, / macht die Toren weise. … Die Befehl des
HERRN sind richtig / und erfreuen das Herz; / die Gebot des
HERRN sind lauter, / erleuchten die Augen. … Die Furcht des
HERRN ist rein und sie / bleibt ewiglich besteh'n; / die Rechte des

HERRN sind wahrhaf-tig, allesamt gerecht. ... Die Befehl sind köstlicher denn / Gold und viel feines Gold; / die Gebote sind süßer denn / Honig und Honigseim. ... Auch wird dein Knecht durch sie erin-nert; und wer sie hält, der / hat großen Lohn. Doch wer kann mer-ken, wie oft er fehlet? ... Verzeih mir die verborg'nen Fehl! / Bewahre auch deinen / Knecht vor den Stolzen, auf dass sie / nicht über mich herrschen, ... behüte mich, so werde ich / ohne Tadel sein und / unschuldig bleiben großer Mis-setat und vieler Sünd. ... Lass dir wohl gefall'n die Red mei-nes Mund's und das Gespräch / meines Herzens vor dir, HERR, mein / Hort und mein Erlöser.

20   Psalm 20

Nach dem Psalm Davids, vorzusingen.

Der HERR erhör dich in der Not; / der Name des Gottes / Jakobs schütze dich! Er sende / dir Hilf vom Heiligtum ... und stärke dich aus Zion. Er / gedenke all deines / Speisopfers, und dein Brandopfer / müsse vor ihm fett sein. (Zwischenspiel)
Er gebe dir was dein Herze / begehrt, und erfülle / alle deine Anschläge. Wir / rühmen, dass du uns hilfst, ... und im Namen unsres Gottes / werfen wir Panier auf. / Der HERR möge dir alle dei-ne Bitten gewähren! ... Nun merke ich, dass der HERR sei-nem Gesalbten hilft und / er erhört ihn droben in sei-nem heiligen Himmel; ... seine rechte Hand hilft mit Macht. / Jene verlassen sich / auf Wagen und Rosse; wir a-ber auf unseren Gott ... wir denken an den Namen des / HERRN, unseres Gottes. / Sie sind niedergestürzt und ge-fallen; wir aber steh'n. ... Sie liegen darnieder, doch wir / stehen aufgerichtet. / Hilf, HERR, dem König und erhö-re uns wenn wir rufen!

Ein Psalm Davids, vorzusingen.

HERR, der König freut sich in dei-ner Kraft und deiner Macht, / wie sehr fröhlich ist der König / über deine Hilfe! ... Du gibst ihm seines Herzens Wunsch / und weigerst nicht, was sein / Mund bittet. (Zwischenspiel)
Denn du überschüttest den Kö-nig mit gutem Segen; / und du setztest eine golde-ne Krone auf sein Haupt. ... Er bittet Leben von dir; so / gibst du ihm langes Leb'n / immer und ewig. Er hat gro-ße Ehr an deiner Hilf; ... du legst Lob und Schmuck auf ihn. Denn / du setzt ihn zum Segen / ewiglich; du erfreust ihn mit / Freud vor deinem Antlitz. ... Denn der König traut dem HERRN und / wird fest bleiben durch die / Güt des Höchsten. Deine Hand wird / finden all deine Feind; ... deine Rechte wird finden, die / dich hassen. Du wirst sie / machen wie einen Feuero-fen wenn du dreinseh'n wirst; ... der HERR wird sie verschlingen in / seinem Zorn; Feuer wird / sie fressen. Ihre Frucht wirst du / umbringen vom Erdbod'n, ... du wirst umbringen ihren Sam'n / von den Menschenkindern. / Denn deine Feinde gedachten / dir Übles anzutun, ... sie machten Anschläge, die sie / nicht konnten ausführen. / Denn du wirst machen, dass deine / Feind den Rücken kehren; ... mit deiner Sehne wirst du ge-gen ihr Antlitz zielen, / deinen Bogen wirst du auf ihr / Angesicht ausrichten. ... HERR, erheb dich in deiner Kraft, / so wollen wir singen / und erhebe dich so wollen / wir loben deine Macht.

Ein Psalm Davids, vorzusingen; von der Hinde, die früh gejagt wird.

Mein Gott, mein Gott, warum hast du / mich verlassen? ich heul; / aber meine Hilfe ist fer-ne, sie ist weit von mir. … Mein Gott, des Tages rufe ich, / so antwortest du nicht; / und des Nachts schweige ich auch nicht. / Aber du bist heilig, … der du wohnst unter dem Lob Is-raels. Unsre Väter / hofften auf dich; und da sie hoff-ten, halfst du ihnen aus. … Zu dir schrien sie und wurden er-rettet; sie hofften auf / dich und wurden nicht zu Schanden. / Ich aber bin ein Wurm, … ich bin kein Mensch, ein Spott der Leut / und Verachtung des Volks. / Alle, die mich seh'n, spotten mein, / sperren das Maul auf und … sie schütteln alle den Kopf, sag'n: „Er klage es dem HERRN; / der helfe ihm aus und errett / ihn, hat er Lust zu ihm." … Denn du zogst mich aus meiner Mut-ter Leib; du warst meine / Zuversicht, da ich noch an mei-ner Mutter Brüsten war. … Auf dich bin ich geworfen von / Mutterleib an; du bist / mein Gott von meiner Mutter Schoß / an. Sei nicht fern von mir, … denn Angst ist mir nahe; denn es / ist hier kein Helfer. Und / große Farren hab'n mich umge-ben, Stiere mich umringt. … Ihr'n Rachen sperr'n sie auf wider / mich wie ein brüllend und / reißender Löwe. Ich bin aus-geschüttet wie Wasser, … und alle meine Gebeine, / die haben sich zertrennt; / mein Herz ist in meinem Leibe / wie zerschmolzenes Wachs. … Meine Kräfte sind vertrocknet, / sie sind verschmachtet wie / eine Scherbe, und meine Zung / klebt an meinem Gaumen, … du legst mich in des Todes Staub. / Denn die Hunde haben / mich umgeben, und der Bösen / Rotte hat mich umringt; … sie haben meine Hände und / die Füße durchgraben. / Ich kann all meine Gebeine / zähl'n; sie aber schauen … sie schau'n und sehen ihre Lust / an mir. Sie teil'n meine / Kleider, unter sich und werfen / das Los um mein Gewand. … Aber du, HERR, sei nicht ferne; / meine Stärke, eile, / mir zu helfen! Und errette / meine Seele vom Schwert, … meine einsame von den Hun-den! Hilf mir vom Rachen / des

Löwen und errette mich / hier von den Einhörnern! … Und ich will
deinen Namen pre-digen meinen Brüdern; / ich will dich in der
Gemeinde / rühmen. – Rühmet den HERRN, … rühmt ihn, die ihr
ihn fürchtet; es / ehr ihn aller Same / Jakobs, vor ihm scheue sich aller Same Israels. … Denn er hat nicht verachtet noch / verschmähet
das Elend / des Armen und hat sein Antlitz / vor ihm nicht
verborgen; … da er zu ihm schrie, hörte er's. / Ja, dich will ich
preisen / in der großen Gemeinde; will / mein Gelübde bezahl'n, …
ich will sie bezahlen vor de-nen, die ihn fürchten. Und / die Elenden
sollen essen, / auf dass sie satt werden; …und die nach dem
HERRN fragen, die / demütig ihn suchen / werden ihn preisen; euer
Herz / soll ewiglich leben. … Es werden gedenken sich be-kehr'n
zum HERRN aller Welt / Enden, vor ihm anbeten all / Geschlechter
der Heiden. … Denn des HERRN ist das Reich, und er / herrscht
unter den Heiden. / Alle Fetten auf Erden werd'n / essen und
anbeten; … und vor ihm werden ihre Knie / beugen alle, die im /
Staube liegen, und alle die, / so kümmerlich leben. … Er wird einen
Samen haben, / ein Same, der ihm dient; / vom HERRN wird man
verkündigen, / von Kind zu Kindeskind. … Sie werd'n kommen und
seine Ge-rechtigkeit predigen / dem Volke, das geboren wird, / dass
er es getan hat.

23   Psalm 23

Nach dem Psalm Davids.

Der HERR ist mein Hirt; mir wird nichts / mangeln. Er weidet
mich / auf einer grünen Au und führt / mich zum frischen Wasser. …
Er erquicket meine Seele; / und er führet mich auf / rechter Straße,
um seines Na-mens willen führt er mich. … Ob ich schon wandert
im finstern / Tal, fürcht ich kein Unglück; / denn du bist bei mir,
dein Stecken / und dein Stab trösten mich. … Du bereitst vor mir
einen Tisch / im Ang'sicht meiner Feind. / Und du salbest mein
Haupt mit Öl / und schenkest mir voll ein. … Gutes und

Barmherzigkeit werd'n / mir folgen mein Leb'n lang, / und ich werde bleiben im Hau-se des HERRN immerdar.

24 **Psalm 24**

Nach dem Psalm Davids.

Die Erd ist des HERRN und was d'rin-nen ist, der Erdboden / und was darauf wohnt. Denn er hat / ihn an die Meer gegründ't … und an den Wassern bereitet. / Wer wird auf des HERRN Berg / gehen, und wer wird steh'n an sei-ner heiligen Stätte? … Der unschuldige Hände hat / und reines Herzens ist; / der nicht Lust hat zu loser Leh-re und nicht fälschlich schwört: … der wird den Seg'n vom HERRN empfan-gen und Gerechtigkeit / vom Gott seines Heils. Das ist das / Geschlecht, das nach ihm fragt, … das da sucht dein Antlitz und dein / Angesicht, Gott Jakobs. (Zwischenspiel)
Macht die Tor weit und macht die Tür'n / in der Welt hoch, dass der / König der Ehr'n einziehe! Wer / ist der König der Ehr'n? … Es ist der HERR, stark und mächtig, / der HERR, mächtig im Streit. / Machet die Tore weit und die / Türen in der Welt hoch, … dass der König der Ehr'n einzieh'! / Wer ist König der Ehr'n? / Es ist der HERR Zebaoth; er / ist der König der Ehr'n. (Zwischenspiel)

25 **Psalm 25**

Nach dem Psalm Davids.

Nach dir, HERR, verlangt mich. Mein Gott, / ich hoff auf dich; lass mich / nicht zu Schanden werd'n, dass sich mei-ne Feind meiner nicht freu'n. … Denn keiner wird zu Schanden, der / dein harret; aber zu / Schanden müssen sie werd'n, die leicht-fertigen Verächter. … HERR, zeig mir deine Wege und / lehr mich deine Steige; / und leite mich in deiner Wahr-heit und lehre du mich! … Denn du bist

der Gott, der mir hilft; / täglich harre ich dein. / Gedenk, HERR, an
deine Barmher-zigkeit und deine Güt, … die von der Welt her
gewesen. / Gedenk nicht der Sünden / meiner Jugend und meiner Ü-
bertretungen; aber … gedenk mein nach deiner Barmher-zigkeit
nach deiner Güt! / Der HERR ist gut und fromm; d'rum un-terweist
er die Sünder, … er führet die Sünder auf dem / Wege. Er leitet die /
Elenden recht und er lehrt die / Elenden seinen Weg. … Die Wege
des HERRN sind eitel / Güt und Wahrheit denen, / die seinen Bund
und die seine / Zeugnisse bewahren. … Um deines Namens willen,
HERR, / sei mir gnädig meiner / Missetat, die da groß ist. Wer / ist
der, der den HERRN fürcht? … Er wird ihn unterweisen den /
besten Weg. Seine Seel / wird im Guten wohnen, sein Sam / wird
das Land besitzen. … Das Geheimnis des HERRN ist un-ter den'n,
die ihn fürchten; / und jene, die ihn fürchten lässt / er seinen Bund
wissen. … Meine Aug'n seh'n stets zu dem HERRN; / denn er wird
meinen Fuß / aus dem Netz ziehen. Wende dich / zu mir, sei mir
gnädig; … denn ich bin einsam und elend. / Die Angst meines
Herzens / ist groß; führ mich aus meinen Nö-ten! Sieh an mein
Jammer … sieh an mein Elend und vergib / mir alle meine Sünd! /
Sieh, dass meiner Feind so viel sind, / hassen mich aus Frevel. …
Bewahre meine Seele, be-schütz und errette mich, / lass mich nicht
zu Schanden werden; / denn ich traue auf dich. … Schlecht und
Recht, das mag mich behü-ten; denn ich harre dein. / O Gott, erlöse
Israel / aus aller seiner Not!

26   Psalm 26

Nach dem Psalm Davids.

HERR, schaffe mir Recht; denn ich bin / unschuldig! Ich hoffe / auf
den HERRN; darum werde ich / nicht fallen. Prüfe mich, … HERR,
versuche mich; läutere / meine Nieren und mein / Herz. Denn deine
Güte ist vor / meinen Augen, und ich … wandle in deiner Wahrheit.
Und / ich sitze nicht bei den / eitlen Leuten und hab nicht Ge-

meinschaft ,mit den Falschen. … Ich hass die Versammlung der Boshaften und sitz nicht bei / den Gottlosen. Ich wasche mei-ne Hände
in Unschuld … und halt mich, HERR, zu deinem Al-tar, da man
hört die Stimm / des Dankens, und da man predigt / alle deine
Wunder. … HERR, ich habe lieb die Stätte / deines Hauses und
den / Ort, da deine Ehre wohnt. Raff / meine Seele nicht hin … mit
den Sündern noch mein Leben mit den Blutdürstigen, / die mit böser
Tück umgeh'n und / nehmen gern Geschenke. … Ich aber wandle
unschuldig. / Erlöse mich und sei / mir gnädig! Mein Fuß geht
richtig. / Ich will dich loben, HERR, … ich will dich loben in den
Ver-sammlungen. (Zwischenspiel)

27   Psalm 27

Nach dem Psalm Davids.

Der HERR ist mein Licht und mein Heil; / wer sollte mich
ängsten! / Der HERR ist meines Lebens Kraft; / vor wem sollte mir
grau'n! …So die Bösen, meine Wider-sacher und Feind, an mich /
woll'n, mein Fleisch zu fressen, müssen / sie anlaufen und fall'n. …
Ob sich ein Heer wider mich legt, / fürchtet mein Herz sich nicht; /
wenn sich Krieg wider mich erhebt, / verlass ich mich auf ihn. …
Eins bitte ich vom HERRN, das hät-te ich gerne: dass ich / im
Hause des HERRN bleiben mö-ge mein Leben lang, um … zu
schau'n die schönen Gottesdien-ste des HERRN und seinen /
Tempel zu betrachten. Denn er deckt mich in seiner Hütt … er
decket mich zur bösen Zeit, / er verbirgt mich heimlich / in seinem
Gezelt und erhöht / mich auf einem Felsen, … und wird nun
erhöhen mein Haupt / über meine Feinde, / die um mich sind; so
will ich in / seiner Hütt Lob opfern, … ich will singen und
lobsagen / dem HERRN. HERR, hör meine / Stimme, wenn ich
rufe; sei mir / gnädig und erhör mich! … Mein Herz hält dir vor
dein Wort: „Ihr / sollt mein Antlitz suchen." D'rum such ich auch,
HERR, dein Antlitz. / Verbirg es nicht vor mir … verstoß nicht im

Zorn deinen Knecht; / denn du bist meine Hilf. / Lass mich nicht und tu nicht von mir / die Hand ab, Gott, mein Heil! … Denn mein Vater und auch meine / Mutter verlassen mich; / aber der HERR nimmt mich auf. / HERR, weise mir deinen Weg, … leit mich auf richtiger Bahn um / meiner Feinde willen. / Führe mich und gib mich nicht in / den Willen meiner Feind; … es steh'n falsche Zeugen wider / mich und tun mir Unrecht / ohne Scheu. Ich glaub aber doch, / dass ich gutes seh'n werd … das Gute des HERRN im Land der / Lebendigen. Harre / des HERRN! Sei getrost und unverzagt und harre des HERRN!

28   **Psalm 28**

Nach dem Psalm Davids.

Wenn ich ruf zu dir, HERR, mein Hort, / so schweig mir nicht, auf dass / nicht, wo du schweigst, ich werd' wie die, die in die Grube fahr'n. … Höre die Stimme meines Fleh'ns, / wenn ich zu dir schreie, / wenn ich meine Hände aufheb / zu deinem heil'gen Chor. … Raff mich nicht hin mit Gottlosen, / mit den Übeltätern, / die freundlich red'n mit ihr'm Nächsten / doch hab'n Böses im Sinn. … Gib ihnen nach ihrer Tat und / gib ihnen nach ihrem / bösen Wesen; gib ihnen nach / den Werken ihrer Händ; … vergilt ihnen, was sie verdient / hab'n. Denn sie wollen nicht / achten auf das Tun des HERRN noch / auf die Werk seiner Händ; … d'rum wird er sie zerbrechen und / nicht aufbauen. Gelobt / sei der HERR; denn er hat erhört / die Stimme meines Fleh'ns. … Der HERR ist meine Stärke und / ist mein Schild; auf ihn hofft / mein Herz, und mir ist geholfen. / Und mein Herz ist fröhlich, … ich will ihm danken mit meinem / Lied. Der HERR ist ihre / Stärke; er ist die Stärke, die / seinem Gesalbten hilft. … Hilf deinem Volk und segne dein / Erbe und weide sie / und erhöhe sie ewiglich!

29   Psalm 29

Nach dem Psalm Davids.

Bringet her dem HERRN, ihr Gewal-tigen, bringt her dem HERRN / Ehr und Stärke! Bringet dem HERRN / die Ehre seines Nam'ns; … betet an den HERRN im heili-gen Schmuck! Die Stimme des / HERRN geht über den Wassern; der / Gott der Ehren donnert, … der HERR über großen Wassern. / Die Stimme des HERRN geht / mit Macht; die Stimme des HERRN geht / herrlich, zerbricht Zedern. …Die Stimme des HERRN zerbricht die / Zedern im Libanon; / und macht den Libanon und Sir-jon hüpfen wie ein Kalb, … macht sie hüpfen wie ein junges / Einhorn. Die Stimm des HERRN / sprüht Feuerflammen. Die Stimm des / HERRN erregt die Wüste; … der HERR erregt die Wüste Ka-des. Die Stimme des HERRN / erregt die Hinden und Hirschküh' / und entblößt die Wälder; … und in seinem Tempel sagt ihm / alles Ehr. Der HERR sitzt, / eine Sintflut anzurichten; / der HERR bleibt ein König … der HERR bleibt ein König in E-wigkeit. Der HERR wird sei'm / Volk Kraft geben; der HERR wird sein / Volk segnen mit Frieden.

30   Psalm 30

Nach dem Psalm Davids, zu singen von der Einweihung des Hauses.

Ich preise dich, HERR; denn du hast / mich erhöht und lässest / meine Feinde sich nicht über / mich freuen. HERR, mein Gott, … da ich schrie zu dir, machtest du / mich gesund. HERR, du hast / meine Seele aus der Hölle / geführt und mich bewahrt; … hast mich lebend erhalten, da / jene in die Grube / fuhren. Ihr Heiligen, lobsin-get dem HERRN; danket ihm … danket und preiset seine Hei-ligkeit! Denn sein Zorn währt / einen Augenblick, und lebens-lang währet seine Gnad; … den Abend lang währt das Weinen, / aber des

Morg'ns ist Freud. / Ich aber sprach, da mir's wohl ging: / Ich werd'
nie erschüttert. … Denn, HERR, durch dein Wohlgefall'n hat-test du
meinen Berg stark / gemacht; aber da du dein Antlitz / verbarg'st,
erschrak ich. … Zu dir, HERR, rief und schrie ich, und / zu dem
HERRN flehte ich: / Was ist nütze an meinem Blut, / wenn ich zur
Grube fahr? … Wird dir auch der Staub danken und / deine Treu
verkünden? / HERR, höre und sei mir gnädig! / HERR, sei du mein
Helfer! … Du hast mir meine Klage ver-wandelt in einen Reig'n; /
hast mir meinen Sack ausgezog'n, mich mit Freude gegürt't, … auf
dass dir lobsing meine Ehr / und nicht stille werde. / HERR, mein
Gott, ich will dir danken / in alle Ewigkeit.

31   **Psalm 31**

Nach dem Psalm Davids, vorzusingen.

HERR, auf dich trau ich, lass mich nim-mermehr zu Schanden
werd'n; / hilf mir und errette mich durch / deine Gerechtigkeit! …
Neige deine Ohren zu mir, / eilend hilf mir! Und sei / mir ein starker
Fels und eine / Burg, dass du mir helfest! … Denn du bist mein
Fels, meine Burg, / und um deines Namens / willen wollest du mich
leiten / und wollest mich führen. … Du wollest mich aus dem Netz
zieh'n, / das sie mir gestellt hab'n; / du wollest mich befreien, denn /
du bist meine Stärke. … In deine Hände befehle / ich meinen Geist;
du hast / mich erlöst, HERR, du treuer Gott, / du hast mich errettet.
… Ich hasse, die da halten auf / eitle Götzen; doch ich / hoffe auf
den HERRN. Ich freue / mich über deine Güt … und bin fröhlich,
dass du mein E-lend ansiehst und erkennst / meine Seel in der Not
und ü-bergibst mich nicht dem Feind; … du stellst meine Füß auf
weiten / Raum. HERR, sei mir gnädig, / denn mir ist angst; meine
Gestalt / ist verfall'n vor Trauern, … dazu meine Seel und mein
Leib. / Denn mein Leben hat ab-genommen vor Betrübnis und /
meine Zeit vor Seufzen; … meine Kraft ist verfall'n vor mei-ner
Missetat, meine / Gebeine sind verschmachtet. Und / es geht mir so

übel, … dass ich bin eine große Schmach / geword'n meinen Nachbarn, / und ich bin eine Scheu gewor-den meinen Verwandten; … all die mich sehen auf der Gas-se, die fliehen vor mir. / Und mein ist vergessen im Her-zen wie eines Toten; … ich bin geword'n wie ein zerbroch-enes Gefäß. Denn ich / höre, wie mich viele schelten, / Schrecken ist um und um; … sie ratschlagen miteinander / über mich und denken, / mir das Leben zu nehmen. Ich / aber, HERR, hoff auf dich … und spreche: Du bist mein Gott! Mei-ne Zeit steht in deinen / Händen. Errette mich von der / Hand meiner Feinde und … von denen, die mich verfolgen. / Lass leuchten dein Antlitz / über deinen Knecht; hilf mir durch / deine große Güte! … HERR, lass mich nicht zu Schanden werd'n; / denn ich rufe dich an. / Die Gottlosen werd'n zu Schanden und schweig'n in der Hölle. … Verstummen müssen falsche Mäu-ler und die Lippen, die / da reden gegen den Gerech-ten frech, stolz und höhnisch. … Wie groß ist deine Güt, die du / verborgen hast für die, / so dich fürchten, und ihnen er-zeigest vor den Leuten! … Du verbirgst sie heimlich bei dir / vor jedermanns Trotz; du / verdeckst sie in der Hütte vor / den zänkischen Zungen. … Gelobet sei der HERR, dass er / eine wunderbare / Güte mir bewiesen hat in / einer solch festen Stadt. … Denn ich sprach zu meinem Zagen: / Ich bin von deinen Aug'n / verstoßen. Dennoch hörtest du / meines Flehens Stimme. … Liebet den HERRN, all seine Hei-ligen! Die Gläubigen / behütet der HERR und vergilt / reich dem, der Hochmut übt. … Seid getrost und unverzagt, all, / die ihr des HERRN harret!

32   **Psalm 32**

Nach der Unterweisung Davids.

Wohl dem, dem die Übertretun-gen vergeben sind, dem / die Sünde bedeckt ist! Wohl dem / Menschen, dem der HERR die … Missetat nicht zurechnet, in / des Geist kein Falsch ist! Denn / da ich's wollt verschweigen, verschmach-teten meine Gebein … durch mein

täglich Heulen. Denn dei-ne Hand war Tag und Nacht / schwer auf mir, dass mein Saft verdorr-te, wie im Sommer dürr. (Zwischenspiel)
Darum bekannt ich dir meine / Sünde und verhehlte / meine Missetat nicht. Ich sprach: / Ich will sie bekennen. ... Ich will dem HERRN meine Über-tretungen bekennen. / Und da vergabst du mir die Mis-setat meiner Sünde. (Zwischenspiel)
Um deswillen werd'n alle Hei-ligen zu dir beten / zur rechten Zeit; d'rum werd'n sie ru-fen und du erhörst sie; ... darum, wenn große Wasserflu-ten kommen, so werden / sie nicht an dieselben gelan-gen. Du bist mein Schirm; und ... du wirst mich vor Angst behüten, / dass ich errettet gar / fröhlich rühmen kann. (Zwischenspiel)
„Ich will dich unterweisen und / dir den Weg zeigen, den / du wandeln sollst; ich will dich mit / meinen Augen leiten." ... Seid nicht wie Ross und Maultiere, / die nicht verständig sind, / welchen man Zaum ins Maul legt, wenn / sie nicht zu dir wollen. ... Der Gottlose hat viel Plage; / wer aber auf den HERRN / hofft, den wird die Güte umfan-gen. Freuet euch des HERRN ... und seid fröhlich, ihr Gerechten, / und rühmet, alle ihr / Frommen.

33   Psalm 33

Freuet euch des HERRN, ihr Gerech-ten; die Frommen sollen / ihn preisen. Danket dem HERRN mit / Harfen, lobsinget ihm ... und spielet ihm auf dem Psalter / von zehn Saiten. Singet / ihm ein neues Lied; machet's gut / auf Saitenspiel mit Schall. ... Denn des HERRN Wort ist wahrhaftig; / und was er zusagt, das / hält er gewiss. Er liebt Gerech-tigkeit und liebt Gericht; ... die Erd ist voll der Güt des HERRN. / Der Himmel ist durch's Wort / des HERRN gemacht und all sein Heer / durch den Geist seines Mund's. ... Er hält das Wasser im Meer zu-sammen, so wie im Schlauch / und er legt die Tiefen drunten / in das Verborgene. ... Alle Welt fürchte den

HERRN; / vor ihm scheue sich alles, / was auf dem Erdboden wohnt. Denn / so er spricht, so geschiehts; ... so er gebeut, so stehet's da. / Der HERR macht zunichte / der Heiden Rat und wendet die / Gedanken der Völker. ... Aber der Rat des HERRN bleibt e-wiglich, seines Herzens / Gedanken für und für. Wohl dem / Volk, des Gott der HERR ist, ... wohl dem Volk, das er zum Erbe / erwählt hat! Der HERR schaut / vom Himmel herab und siehet / aller Menschen Kinder. ...Von seinem festen Thron sieht er / herab auf alle, die / auf Erden wohnen. Und er lenkt / ihnen allen das Herz; ... er merkt auf alle ihre Werk. / Einem Könige hilft / nicht seine große Macht; einem / Riesen nicht seine Kraft. ... Und Rosse helfen auch nicht, und / ihre große Stärke. / Siehe, des HERRN Auge sieht auf / die, so ihn fürchten und ... die auf seine Güt hoffen, dass / er ihre Seel errett / vom Tode und ernähre sie / auch in der Teuerung. ... Unsre Seel harrt auf den HERRN; er / ist unsre Hilf und Schild. / Denn unser Herz freut sich sein, wir / trau'n auf sein heil'gen Nam'n. ... Deine Güt, HERR, sei über uns, / wie wir auf dich hoffen.

34   Psalm 34

Ein Psalm Davids, da er seine Gebärde verstellte vor Abimelech, als der ihn von sich trieb und er wegging.

Ich will den HERRN lob'n allezeit; / sein Lob soll immerdar / in meinem Mund sein. Meine Seel / soll sich rühmen des HERRN, ... dass es die Elenden hören / und sich freu'n. Preist mit mir / den HERRN und lasst uns miteinan-der seinen Nam'n erhöh'n. ... Da ich den HERRN suchte, da ant-wortete er mir auch / und er hat mich dann aus aller / meiner Furcht errettet. ... Welche auf ihn seh'n werd'n erquickt, / ihr Angesicht wird nicht / zu Schanden. Da dieser Elen-de rief, hörte der HERR ... und half ihm aus all seinen Nö-ten. Der Engel des HERRN / lagert sich um die her, so ihn / fürchten, hilft ihnen aus. ... Schmecket und sehet, wie freundlich / der HERR ist. Wohl dem, der / auf ihn trauet! Fürchtet den HERRN, / ihr seine Heiligen! … denn die ihn fürchten, haben kei-nen Mangel. Doch Reiche / müssen darben und hungern; a-ber die den HERRN suchen, … haben keinen Mangel an ir-gend einem Gut. Kommt her, / Kinder, höret mir zu; ich will / euch die Furcht des HERRN lehr'n: … Wer ist, der Leben begehrt und / gern gute Tage hätt? / Behüt deine Zunge vor Bö-sem und deine Lippen, … dass sie nicht Trug reden. Lass vom / Bösen und tu Gutes; / suche Frieden und jage ihm / nach. Die Augen des HERRN … merken auf die Gerechten und / seine Ohren auf ihr / Schreien; das Antlitz aber des / HERRN stehet wider die, … so Böses tun, dass er ihr Ge-dächtnis ausrotte von / der Erde. Wenn die Gerechten / schrei'n, so hört der HERR und … errettet sie aus all ihrer / Not. Der HERR ist nahe / bei denen, die zerbroch'nes Her-zens sind, und hilft denen, … die ein zerschlagen Gemüt hab'n. / Der Gerechte muss viel / leiden; aber der HERR hilft ihm / aus dem allem heraus. … Er bewahrt all seine Gebei-ne, dass deren nicht eins / zerbrochen wird. Den Gottlosen / wird das Unglück töten; … und die den Gerechten hassen, / werden Schuld haben. Der / HERR erlöst die Seele seiner / Knechte; und alle, die … auf ihn trauen, werden keine / Schuld haben.

35   **Psalm 35**

Nach dem Psalm Davids.

HERR, hadere mit meinen Ha-derern; streite wider / meine Bestreiter. Ergreife / Schild und Waffen und mach' … dich auf, mir zu helfen! Zücke / den Spieß und schütze mich / wider meine Verfolger! Und / sprich zu meiner Seele: … Ich bin deine Hilfe! Es müs-sen sich schämen und ge-höhnt werden, die nach meiner See-le stehen; es müssen … zurückkehren und zu Schanden / werden, die mir übel-wollen. Sie müssen werden wie / Spreu vor dem Winde, und … der Engel des HERRN stoße sie / weg. Ihr Weg müss finster / und schlüpfrig werden, und der En-gel des HERRN verfolg sie. ... Denn sie hab'n mir ohne Ursach / ihr Netz gestellt, mich zu / verderb'n, hab'n ohne Ursach mei-ner Seel Gruben gericht't. ... Er müsse unversehens ü-berfallen werden; und / sein Netz, das er gestellt hat, müs-se ihn fangen; und er ... müsse darin überfallen / werd'n. Aber meine Seel / müsse sich freu'n des HERRN und sei / fröhlich über sein Hilf. ... Alle meine Gebeine müs-sen sagen: HERR, wer ist / deinesgleichen? Der du den E-lenden errettest von ... dem, der ihm zu stark ist, und den / Elenden und Armen / von seinen Räubern. Es treten / frevle Zeugen auf; die ... zeihen mich, des ich nicht schuldig / bin. Sie tun mir Arges / um Gutes, mich in Herzeleid / zu bringen. Ich aber, ... wenn sie krank waren, zog einen / Sack an, tat mir wehe / mit Fasten und betete stets / von Herzen; ich hielt mich, ... als wäre es mein Freund und Bru-der; ich ging traurig wie / einer, der Leid trägt über sei-ne Mutter. Sie aber ... freuen sich über meinen Scha-den und rotten sich; es / rotten sich die Hinkenden wi-der mich ohne mein Schuld; ... sie zerreißen und hören nicht / auf. Mit denen, die da / heucheln und spotten um des Bau-ches willen, beißen sie ... ihre Zähne zusammen ü-ber mich. HERR, wie lange / willst du zusehen? Errette / doch meine Seele aus ... ihrem Getümmel und meine / einsame von den jun-gen Löwen! Ich will dir danken / in der großen Gemeind, ... und unter vielem Volk will ich / dich rühmen und loben. / Lass sich nicht über mich freu'n, die / mir unbillig feind sind, ... noch lass mit den Augen spotten, / die mich ohne Ursach / hassen! Denn sie trachten Schaden / zu tun und sie suchen ... falsche Anklagen wider die / Stillen im Lande und / sperren ihr Maul weit auf wider / mich und sprechen: „Da, Da! ... das sehen wir gerne." HERR, du / siehst es, schweige nicht; HERR, / sei nicht ferne von mir! Er-wecke dich und wache auf ... zu meinem Recht und zu meiner / Sache, mein Gott und HERR! / HERR, mein Gott, richte mich nach dei-ner Gerechtigkeit, dass ... sie sich über mich nicht freuen. / Lass sie nicht sagen in / ihrem Herzen: „Da, da! das woll-ten wir." Lass sie nicht sag'n: ... „Wir haben ihn verschlungen." Sie / müssen sich schämen und / zu Schanden werden alle, die / sich meines Übels freu'n; … sie müssen mit Schande und Scham / gekleidet werden, die / sich wider mich rühmen. Rühmen / und freuen müssen sich, … die mir gönnen, dass ich recht be-halte, und immer sag'n: / Der HERR sei hoch gelobet, der / seinem Knechte wohlwill. … Und meine Zung soll reden von / deiner Gerechtigkeit / und dich täglich preisen.

36   **Psalm 36**

Ein Psalm Davids, des Knechts des HERRN, vorzusingen.

Es ist aus Grund meines Herzens / von der Gottlosen We-sen gesprochen, dass keine Got-tesfurcht bei ihnen ist. … Sie schmücken sich untereinan-der selbst, dass sie ihre / böse Sache fördern und an-dere verunglimpfen. … Alle ihre Worte sind schä-dlich und erlogen; sie / lassen sich auch nicht weisen, auf / dass sie Gutes täten; …sondern sie trachten auf ihrem / Lager nach Schaden und / stehen fest auf dem bösen Weg / und scheuen kein Arges. … HERR, deine Güte reicht, soweit / der Himmel ist, deine / Wahrheit, die reicht soweit die Wol-ken gehen. Und deine … Gerechtigkeit steht wie die Berg-e Gottes und dein Recht / wie eine große Tiefe. HERR, / du hilfst Menschen und Vieh. … Wie teuer ist deine Güte, / Gott, dass Menschenkinder / dort unter dem Schatten deiner / Flügel Zuflucht haben! … Sie werden trunken von den rei-chen Gütern deines Haus's, / und du tränkest sie mit Wonne / als mit einem Strom. Denn … bei dir ist die Quelle des Le-bens, und in deinem Licht / sehen wir das Licht. Breite dei-ne Güte über die, … die dich kennen, und deine Ge-rechtigkeit über die / Frommen. Lass mich nicht von den Stol-zen untertreten werd'n, … und die Hand der Gottlosen, die / stürze mich nicht; sondern / lass sie, die Übeltäter, da-selbst fallen, auf dass sie … verstoßen werden und nicht blei-ben mögen.

Nach dem Psalm Davids.

Erzürne dich nicht über die / Bösen; sei nicht neidisch / auf die Übeltäter. Denn wie / das Gras werden sie bald ... abgehauen, und wie das grü-ne Kraut werden sie ver-welken. Hoffe auf den HERRN und / tue Gutes; bleibe ... im Lande und nähre dich re-dlich. Habe deine Lust / am HERRN; der wird dir geben, was / dein Herz wünschet. Befiehl ... dem HERRN deine Wege und hof-fe auf ihn; er wird's wohl / machen und wird deine Gerech-tigkeit hervorbringen ...wie das Licht und dein Recht wie den / Mittag. Sei stille dem / HERRN und warte auf ihn; erzür-ne dich nicht über den, ... dem sein Mutwille glücklich fort-geht. Steh ab vom Zorn und / lass den Grimm, erzürn dich nicht, dass / du nicht auch übel tust. ... Denn die Bösen werden ausge-rottet; die aber des / HERRN harren, werden das Land er-ben. Es ist noch um ein ... kleines, so ist der Gottlose / nimmer; und wenn du nach / seiner Stätte sehen wirst, wird / er weg sein. Aber die ... Elenden werden das Land er-ben und Lust haben in / großem Frieden. Der Gottlose / droht dem Gerechten und ... beißt seine Zähne zusammen / über ihn. Aber der / HERR lacht sein; denn er sieht, dass sein / Tag kommt. Die Gottlosen ... ziehen das Schwert aus und spannen / ihr'n Bogen, dass sie fäll'n / den Elenden und die Armen / und schlachten die Frommen. ... Aber ihr Schwert wird in ihr Herz / gehen, und ihr Bogen / wird zerbrechen. Das wenige, / das ein Gerechter hat, ... ist besser als das große Gut / vieler Gottlosen. Denn / der Gottlosen Arm, der wird zer-brechen; aber der HERR ... erhält die Gerechten. Der HERR / kennt die Tag der Frommen, / und ihr Gut wird ewig bleiben. Sie werd'n nicht zu Schanden ... in der bösen Zeit, und in der / Teuerung werden sie / genug haben. Denn die Gottlo-sen werden umkommen; ... die Feind des HERRN, wenn sie gleich sind / wie eine köstliche / Aue, werden sie doch verge-hen, wie der Rauch vergeht. ... Der Gottlose borgt und bezahlt / nicht; der Gerechte ist /

aber barmherzig und gibt. Denn / seine Gesegneten …erben das Land; aber seine / Verfluchten werden aus-gerottet. Von dem HERRN wird solches / Mannes Gang g'fördert, … und er hat Lust an seinem Weg. / Fällt er, so wird er nicht / weggeworfen; denn der HERR hält / ihn bei der Hand. Ich bin … jung gewesen und alt geword'n / und hab noch nie geseh'n / den Gerechten verlassen oder sein'n / Sam'n nach Brot geh'n. … Er ist allezeit barmherzig / und leihet gerne, und / sein Same wird gesegnet sein. / Lass vom Bösen und tu … Gutes und bleibe wohnen im-merdar. Denn der HERR hat / das Recht lieb und verlässt seine / Heiligen nicht; ewig … werden sie bewahrt; aber der / Gottlosen Same wird / ausgerottet. Die Gerechten / erben das Land und bleib'n … ewiglich darin. Der Mund des / Gerechten redet die / Weisheit, und seine Zunge lehrt / das Recht. Und das Gesetz … seines Gottes ist in seinem / Herzen; seine Tritte / gleiten nicht. Der Gottlose lau-ert auf den Gerechten … und gedenkt ihn zu töten. A-ber der HERR lässt ihn nicht / in seinen Händen und verdammt / ihn nicht, wird er verklagt. … Harre auf den HERRN und halte / seinen Weg, so wird er / dich erhöhen, dass du das Land / erbest; du wirst es seh'n, … dass die Gottlosen ausgerot-tet werden. Ich habe / gesehen einen Gottlosen, / und der war trotzig und … breitete sich aus und grünte / wie ein Lorbeerbaum. Da / man vorüberging, siehe, da / war er dahin; ich fragt' … nach ihm, da ward er nirgend ge-funden. Bleibe fromm und / halte dich recht; denn solchem wird / es zuletzt wohl gehen. … Die Übertreter aber werd'n / vertilgt miteinander, / und die Gottlosen werden zu-letzt ausgerottet. Doch … der HERR hilft den Gerechten; der / ist ihre Stärke in / der Not. Und der HERR wird ihnen / beistehen und wird sie … erretten; er wird sie von den / Gottlosen erretten / und ihnen helfen; denn sie trau-en auf ihn.

Nach dem Psalm Davids, zum Gedächtnis.

HERR, strafe mich nicht in deinem / Zorn und züchtige mich / nicht in deinem Grimm. Denn deine / Pfeile stecken in mir, … und deine Hand drückt mich. Es ist / nichts G'sundes an meinem / Leibe vor deinem Drohen und / es ist kein Friede in … meinen Gebeinen vor meiner / Sünd. Denn meine Sünden / gehen über mein Haupt; wie ei-ne schwere Last sind sie … mir zu schwer geword'n. Meine Wun-den stinken und eitern / vor meiner Torheit. Ich gehe / krumm und sehr gebückt; den … ganzen Tag gehe ich traurig. / Denn meine Lenden ver-dorren ganz, und ist nichts Gesun-des an meinem Leibe. … Es ist mir gar anders denn zu-vor, bin sehr zerstoßen. / Ich heule vor Unruhe mei-nes Herzens. HERR, vor dir … ist alle meine Begierde, / und mein Seufzen ist dir / nicht verborg'n. Mein Herz bebt, meine / Kraft hat mich verlassen, … und das Licht meiner Aug'n ist nicht / bei mir. Meine Lieben / und Freunde treten zurück und / scheuen meine Plage, … meine Nächsten stehen fern. Und / die mir nach dem Leben / trachten, stellen mir nach; und die / mir übelwollen, red'n, … wie sie Schaden tun wollen, und / geh'n mit eitel Listen / um. Ich aber muss sein wie ein / Tauber und nicht hören, … und wie ein Stummer, der seinen / Mund nicht auftut, und muss / sein wie einer, der nicht hört und / der keine Widerred … in seinem Munde hat. Aber / ich harre, HERR, auf dich; / du, HERR, mein Gott, wirst erhören. / Denn ich denke: Dass sie … sich ja nicht über mich freu'n! Wenn / mein Fuß wankte, würd'n sie / sich hoch rühmen wider mich. Denn / ich bin zu Leid'n gemacht, … und mein Schmerz ist immer vor mir. / Denn ich zeige meine / Missetat an und sorge we-gen meiner Sünde. Doch … meine Feind leben und sind mä-chtig; die mich unbillig / hassen, derer ist viel. Und die / mir Arges tun um Gut's, … setzen sich wider mich, darum / dass ich ob dem Guten / halte. Verlass mich nicht, HERR! Mein / Gott, sei nicht fern von mir! … Eile, mir beizustehen, HERR, / meine Hilfe.

Ein Psalm Davids, vorzusingen, für Jeduthun.

Ich habe mir vorgesetzt: Ich / will mich hüten, dass ich / nicht sündige mit meiner Zun-ge. Ich will meinen Mund … zäumen, weil ich muss den Gottlo-sen vor mir sehen. Ich / bin verstummt und still und schweige / der Freuden und muss mein … Leid in mich fressen. Mein Herz ist / entbrannt in meinem Leib, / und wenn ich daran gedenke, / werde ich entzündet; … ich rede mit meiner Zunge. / Aber, HERR, lehre doch / mich, dass es ein Ende mit mir / haben muss und mein Leb'n … ein Ziel hat und ich davon muss. / Sieh, meiner Tage sind / einer Hand breit bei dir, und mein / Leb'n ist wie nichts vor dir. … Wie gar nichts sind alle Menschen, / die doch so sicher leb'n! (Zwischenspiel)

Sie gehen daher wie ein Sche-men und machen sich viel / vergebliche Unruhe; sie / sammeln, und wissen nicht, … wer es einnehmen wird. Nun, HERR, / wes soll ich mich trösten? / Ich hoffe auf dich. Errette / mich von all meiner Sünd … und lass mich nicht den Narren ein / Spott werden. Ich will schweig'n / und meinen Mund nicht auftun; denn / du hast's getan. Wende … deine Plag von mir; denn ich bin / verschmachtet von der Straf / deiner Hand. Wenn du einen züch-tigst um der Sünde will'n, … wenn du einen züchtigst so wird / seine Schöne verzehrt / wie von Motten. Ach wie gar nichts / sind doch alle Menschen! (Zwischenspiel)

Höre mein Gebet, HERR, und ver-nimm mein Schreien und schweig / nicht über meinen Tränen; denn / ich bin dein Pilgrim und … dein Bürger wie all meine Vä-ter. Lass ab von mir, dass / ich mich erquick, eh denn ich hin-fahr' und nicht mehr hier sei.

Nach dem Psalm Davids, vorzusingen.

Ich harrte des HERRN; und er nei-gte sich zu mir und er / hörte mein Schreien und zog mich / aus der grausamen Grub … und aus dem Schlamm und stellte mei-ne Füße auf einen / Fels, dass ich gewiss treten kann; / und hat mir ein neues … Lied in meinen Mund gegeben, / zu loben unsern Gott. / Das werden viele sehen und / sie werd'n den HERRN fürchten … und werden auf ihn hoffen. Wohl / dem, der seine Hoffnung / setzt auf den HERRN und sich nicht wend't / zu den Hoffärtigen … und zu denen, die mit Lügen / umgehen! HERR, mein Gott, / groß sind deine Wunder und groß / sind deine Gedanken, … die du an uns beweist. Dir ist / nichts gleich. Und ich will sie / verkünden und davon sag'n; a-ber sie sind nicht zu zähl'n. … Opfer und Speisopfer gefal-len dir nicht; aber die / Ohr'n hast du mir aufgetan. Du / willst weder Brandopfer … noch willst du Sündopfer. Da sprach / ich: Siehe, ich komme; / im Buch ist von mir geschrieben. / Deinen Willen, mein Gott, … tue ich gern, und dein Gesetz / habe ich in meinem / Herzen. Ich will predigen die / Gerechtigkeit in der … großen Gemeinde; siehe, ich / will mir meinen Mund nicht / stopfen lassen, HERR, das weißt du. / Deine Gerechtigkeit …verberge ich nicht in meinem / Herzen; und von deiner / Wahrheit und von deinem Heil re-de ich; und verhehle … deine Güt und Treu nicht vor der / großen Gemeind. Doch du, / HERR, wollest deine Barmherzig-keit von mir nicht wenden; … lass deine Güt und Treu alle-wege mich behüten. / Denn es hat mich umgeben Lei-den ohne Zahl; es hab'n … mich meine Sünden ergriffen, / dass ich nicht sehen kann; / ihrer ist mehr denn Haare auf / meinem Haupt, und mein Herz … hat mich verlassen. Lass dir's ge-fallen, HERR, dass du mich / errettest; eile, HERR, mir zu / helfen! Schämen müssen … sich und zu Schanden werden, die / mir nach meiner Seel steh'n, / dass sie die umbringen; zurück / müssen sie fallen und … zu Schanden werden, die mir Üb-les gönnen. Sie müssen / in ihrer Schand erschrecken, die / über mich schrei'n: „Da, da!" … Es müssen dein sich freuen und / fröhlich sein alle, die / nach dir fragen; und die dein Heil / lieben, müssen sagen … sie müssen sagen alleweg: / „Der HERR sei hoch gelobt!" / Denn ich bin arm und elend; der / Herr aber sorgt für mich. … Du bist mein Helfer und Erret-ter; mein Gott, verzieh nicht!

41   Psalm 41

Nach dem Psalm Davids, vorzusingen.

Wohl dem, der sich des Dürftigen / annimmt! Den wird der HERR / erretten zur bösen Zeit. Der / HERR wird ihn bewahren … und beim Leben erhalten und / es ihm lassen wohl geh'n / auf Erden und wird ihn nicht geben / in seiner Feind Will'n. … Der HERR wird ihn erquicken auf / seinem Siechbette; du / hilfst ihm von aller seiner Krank-heit. Ich sprach: HERR, sei mir … gnädig, heile meine Seele; / denn ich habe an dir / gesündigt. Meine Feinde re-den Arges wider mich: … „Wann wird er sterben und sein Nam' / vergehen?" Sie kommen, / dass sie schauen, und meinen's doch / nicht von Herzen; sondern … suchen etwas, das sie lästern / mögen, gehen hin und / tragen's aus. Alle, die mich has-sen, raunen miteinand … wider mich und denken Böses / über mich. Sie haben / ein Bubenstück über mich be-schlossen: „Wenn er liegt, soll … er nicht wieder aufsteh'n." Auch mein / Freund, dem ich mich vertraut, / der mein Brot aß, tritt mich unter / die Füße. Du aber, … HERR, sei mir gnädig und hilf mir / auf, so will ich sie be-zahlen. Dabei merke ich, dass / du Gefall'n an mir hast, … dass mein Feind über mich nicht jauch-zen wird. Doch mich erhältst / du um meiner Frömmigkeit wil-len und stellst mich vor dein … Angesicht ewiglich. Gelo-bet sei der HERR, der Gott / Israels, von nun an und e-wiglich! Amen, amen.

Nach der Unterweisung der Kinder Korah, vorzusingen.

Wie der Hirsch schreit nach frischem Was-ser, so schreit meine Seel, / Gott, zu dir. Meine Seele, sie / dürstet nach dir, mein Gott. … Wann werde ich dahin kommen, / dass ich Gottes Ange-sicht schaue? Meine Tränen sind / meine Speis Tag und Nacht, … weil man täglich zu mir sagt: Wo / ist nun dein Gott? Wenn ich / denn des innewerd, so schütt ich / mein Herz aus bei mir selbst; … denn ich wollte gerne hingeh'n / mit dem Haufen und mit / ihnen wallen zum Hause Got-tes mit Frohlocken und … Danken unter dem Haufen de-rer, die da feiern. Was / betrübst du dich, meine Seel, bist / so unruhig in mir? … Harre auf Gott! denn ich werd' ihm / noch danken, dass er mir / hilft mit seinem Angesicht. Mein / Gott, betrübt ist meine … Seele in mir; darum gedenk / ich an dich im Lande / am Jordan und Hermonim, auf / dem kleinen Berg. Deine … Fluten rauschen daher, dass hier / eine Tiefe und da / eine Tiefe brausen; alle / deine Wasserwogen … und Wellen gehen über mich. / Der HERR hat des Tages / verheißen seine Güte, und / des Nachts singe ich ihm … und bete zu dem Gott meines / Lebens. Ich sage zu / Gott, meinem Fels: Warum hast du / mein vergessen? Warum … muss ich so traurig geh'n, wenn mein / Feind mich drängt? Es ist als / ein Mord in meinen Gebeinen, / dass mich meine Feind schmäh'n, … wenn sie täglich zu mir sagen: / Wo ist nun dein Gott? Was / betrübst du dich, meine Seele, / bist so unruhig in mir? … Harre auf Gott! denn ich werde / ihm noch danken, dass er / meines Angesichts Hilfe und / mein Gott ist.

43   **Psalm 43**

Richte mich, Gott, und führe mei-ne Sache wider das / unheilige Volk und erret-te mich von den falschen … und bösen Leuten. Denn du bist / der Gott meine Stärke; / warum verstößest du mich? Warum lässest du mich so … traurig gehen, wenn mich mein Feind / drängt? Sende dein Licht und / sende deine Wahrheit, dass sie / mich leiten und führen … und bringen zu deinem heili-gen Berg und zu deiner / Wohnung, dass ich hineingehe / zum Altar Gottes, zu … dem Gott, der meine Freud' und Wonn' / ist, und dir, Gott, auf der / Harfe danke, mein Gott. Was be-trübst du dich, meine Seel, … und bist so unruhig in mir? / Harr auf Gott! denn ich werd' / ihm noch danken, dass er meine / Hilfe und mein Gott ist.

44   Psalm 44

Nach der Unterweisung der Kinder Korah, vorzusingen.

Gott, wir haben's mit unsern Oh-ren gehört, und unsre / Väter haben's uns erzählt, was du / früher getan hast. … Du hast mit deiner Hand die Hei-den vertrieben, aber / sie hast du eingesetzt; du hast die / Völker verderbt, doch … sie hast du ausgebreitet. Denn / sie haben das Land nicht / eingenommen durch ihr Schwert, und / ihr Arm half ihnen nicht, … sondern deine Rechte, und dein / Arm und das Licht deines / Angesichts; denn du hattest Wohl-gefallen an ihnen. … Du, Gott, bist mein König, der du / Jakob Hilfe verheißt. / Durch dich wollen wir unsre Fein-de zerstoßen; und in … deinem Namen wollen wir un-tertreten, all die sich / wider uns setzen. Denn ich ver-lass mich nicht auf Bogen, … und mein Schwert kann mir nicht helfen; / sondern du hilfst uns von / unseren Feinden und machst zu Schan-den, die uns hassen. … Wir wollen täglich rühmen von / Gott und deinem Namen / danken ewiglich. (Zwischenspiel) Warum verstößest du uns denn / nun und lässest uns zu / Schanden werden und ziehst nicht aus / unter unserem Heer? … Du lässest uns fliehen vor un-serm Feind, dass uns beraub'n, / die uns hassen. Du lässest uns / auffressen wie Schafe … und zerstreuest uns unter die / Heiden. Du verkaufst dein / Volk umsonst und nimmst nichts dafür. / Und du machst uns zur Schmach … unsern Nachbarn, zum

Spott und Hohn / denen, die um uns her / sind. Du machst uns zum Beispiel un-ter den Heiden und dass … die Völker das Haupt über uns / schütteln. Und täglich ist / meine Schmach vor mir, und mein An-tlitz ist voller Scham, dass … ich die Schänder und Lästerer / hören und die Feinde / und Rachgierigen seh'n muss. Dies / alles ist über uns … gekommen; und wir haben doch / dein nicht vergessen noch / untreu in deinem Bund gehan-delt. Unser Herz ist nicht … abgefallen noch unser Gang / gewichen von deinem / Weg, dass du uns so zerschlägst am / Ort der Schakale und … bedeckst uns mit Finsternis. Wenn / wir des Namens unsers / Gottes vergessen hätten und / wenn wir unsre Hände … aufgehoben zum fremden Gott, / würd das Gott nicht finden? / Er kennt ja unsers Herzens Grund. / Denn wir werd'n ja erwürgt … um deinetwillen täglich und / sind geachtet wie Schlacht-schafe. Erwecke dich, HERR! Wa-rum schläfst du? Wache auf … und verstoße uns nicht so gar! / Warum verbirgst du dein / Antlitz, vergissest unsers E-lends und unsrer Drangsal? … Denn unsere Seele ist tief / gebeugt zur Erde; und / unser Leib klebt am Erdboden. / Mache dich auf, und hilf, … hilf uns und erlöse uns um / deiner Güte willen!

45   **Psalm 45**

Nach dem Brautlied und der Unterweisung der Kinder Korah, von den Rosen, vorzusingen.

Mein Herz dichtet ein feines Lied; / und ich will singen von / einem König; meine Zunge / ist ein Griffel eines … guten Schreibers. Du bist der Schön-ste unter den Menschen-kindern, holdselig sind deine / Lippen; darum segnet … dich Gott ewiglich. Gürte dein / Schwert an deine Seite, / du Held, und schmücke dich schön! Es / müsse dir gelingen … in deinem Schmuck. Zieh einher der / Wahrheit zugut, und die / Elenden bei Recht zu erhal-ten, so wird deine Hand, … deine Rechte wird Wunder voll-bringen. Scharf sind deine / Pfeile, dass die Völker vor dir / niederfallen; und sie … dringen ins Herz der Feinde des / Königs. Gott, dein Stuhl bleibt / immer und ewig; das Zepter / deines Reiches ist ein … gerades Zepter. Du liebest / Gerechtigkeit und hasst / gottlos Wesen; darum hat dich / Gott, dein Gott, gesalbt mit … Freudenöl mehr denn deine Ge-sellen. Deine Kleider / sind eitel Myrrhe, Aloe / und Kassia, wenn du … aus den elfenbeinernen Pa-lästen dahertrittst in / deiner schönen Pracht. In deinem / Schmuck gehen die Töchter … darin gehen der Könige / Töchter; die Braut steht zu / deiner Rechten in eitel köst-lichem Gold. Höre zu, … Tochter, sieh und neige deine / Ohren; vergiss deines / Volks und deines Vaterhauses, / so wird der König Lust … an deiner Schöne haben; denn / er ist dein Herr, und du / sollst ihn anbeten. Die Tochter / Tyrus wird mit Geschenk … dasein; die Reichen im Volk werd'n / vor dir fleh'n. Des Königs / Tochter drinnen ist ganz herrlich; / mit gold'nen Gewändern … gekleidet. Und man führt sie in / gestickten Kleidern zum / König; und ihre Gespielen, / die Jungfrauen, die ihr … nachgehen, führt man zu dir. Man / führt sie mit Freuden und / Wonne, und sie gehen in des / Königs Palast. Und an … deiner Väter Statt werden dei-ne Söhne sein; die wirst / du zu Fürsten setzen in al-ler Welt. Ich will deines … Namens gedenken von Kind zu / Kindeskind; darum werd'n / dir danken die Völker immer / und ewiglich.

46   Psalm 46

Nach dem Lied der Kinder Korah, von der Jugend, vorzusingen.

Gott ist unsre Zuversicht und / Stärke. Eine Hilfe / in den großen Nöten, die uns / getroffen haben. D'rum … fürchten wir uns nicht, wenngleich die / Welt unterging und die / Berg mitten ins Meer sänken, wenn-gleich das Meer wütete … und wallte und von seinem Un-gestüm die Berg einfiel'n. (Zwischenspiel)
Dennoch soll die Stadt Gottes fein / lustig bleiben mit ihr'n / Brünnlein, da die heiligen Woh-nungen des Höchsten sind. … Gott ist bei ihr drinnen, darum / wird sie fest bleiben; Gott / hilft ihr früh

am Morgen. Die Hei-den müssen verzagen … und die Königreiche fallen; / das Erdreich muss vergeh'n, / wenn er sich hören lässt. Der HERR / Zebaoth ist mit uns; … der Gott Jakobs ist unser Schutz. (Zwischenspiel)

Kommet her und schauet die Werk / des HERRN, der auf Erden / solch Zerstören anrichtet, der / den Kriegen steuert in … aller Welt, und den Bogen zer-bricht, der Spieße zerschlägt / und Wagen mit Feuer verbrennt. / Seid stille und erkennt, … dass ich Gott bin. Ich will Ehre / einlegen unter den / Heiden; ich will Ehre ein-legen auf Erden. Der HERR … Zebaoth ist mit uns; der Gott / Jakobs ist unser Schutz. (Zwischenspiel)

47   Psalm 47

Nach dem Psalm der Kinder Korah, vorzusingen.

Frohlocket mit Händen, alle / Völker, und jauchzet Gott / mit fröhlichem Schall! Denn der HERR, / der Allerhöchste, ist … erschrecklich, ein großer König / auf dem ganzen Erdbod'n. / Er zwingt die Völker und Leute / unter unsre Füße. … Er erwählt uns unser Erbteil, / die Herrlichkeit Jakobs, / den er liebt. (Zwischenspiel)

Gott fährt auf mit Jauchzen und der / HERR mit heller Posaun. / Lobsinget, lobsinget Gott; lob-singet unserm König! … Denn Gott ist König auf dem gan-zen Erdboden; lobsingt / ihm klüglich! Gott ist König ü-ber die Heiden; Gott sitzt … auf seinem heil'gen Stuhl. Die Fürs-ten unter den Völkern / sind versammelt zu einem Volk / des Gottes Abrahams; … denn Gottes sind die Schilde auf / Erden, er hat sich sehr / erhöht.

48   Psalm 48

Nach dem Psalmlied der Kinder Korah.

Groß ist der HERR und hochberühmt / in der Stadt unseres / Gottes, auf seinem heiligen / Berge. Schön ragt empor … der Berg Zion, des sich das gan-ze Land tröstet; an der / Seit gegen Mitternacht liegt die / Stadt des großen Königs. … Gott ist in ihren Palästen / bekannt, dass er der Schutz / sei. Denn siehe, Könige wa-ren versammelt und sind … miteinander vorüberge-zogen. Sie haben sich / verwundert, da sie solches sah'n; / sie haben sich entsetzt … und sie sind davon gestürzt. Und / Zittern ist sie daselbst / angekommen, und Angst so wie / eine Gebärerin. … Du zerbrichst Schiffe im Meer durch / den Ostwind. Wie wir g'hört / haben, so sehen wir's an der / Stadt des HERRN Zebaoth, … an der Stadt unsers Gottes; Gott / erhält sie ewiglich. (Zwischenspiel)
Gott, wir gedenken deiner Güt / in deinem Tempel. Gott, / wie dein Name, so ist auch dein / Ruhm bis an der Welt End; … deine Rechte ist voll Gerech-tigkeit. Es freue sich / der Berg Zion, und die Töchter / Juda's seien fröhlich … um deiner Gerichte willen. / Machet euch um Zion / und umfanget sie, zählet ih-re Türme; achtet mit … Fleiß auf ihre Mauern, durchwan-delt ihre Paläste, / auf dass ihr davon verkündi-get den Nachkommen, dass … dieser Gott sei unser Gott im-mer und ewiglich. Er / führt uns wie die Jugend.

49   Psalm 49

Nach dem Psalm der Kinder Korah, vorzusingen.

Höret zu, alle Völker; mer-ket auf, alle, die in / dieser Zeit leben, beide, ge-meiner Mann und Herren, … höret zu, beide, reich und arm, / miteinander! Mein Mund / soll von Weisheit reden und mein / Herz von Verstand sagen. … Ich will einem Spruch mein Ohr neig'n / und kundtun mein Rätsel / beim Klange der Harfe. Warum / sollte

ich mich fürchten … in den bösen Tagen, wenn mich / die Missetat meiner / Untertreter umgibt, die sich / verlassen auf ihr Gut … und trotzen auf ihren großen / Reichtum? Kann doch einen / Bruder niemand erlösen noch / ihn Gott versöhnen (denn … es kostet zuviel, ihre Seel / zu erlösen; man muss / es lassen anstehen ewiglich), dass er fortlebe … immerdar und die Grube nicht / sehe. Denn man wird seh'n, / dass die Weisen sterben sowohl / als die Toren und Narr'n … sie müssen ihr Gut andern las-sen. Das ist ihr Herz, dass / ihre Häuser währ'n immerdar, / ihre Wohnungen bleib'n … und hab'n große Ehr auf Erden. / Dennoch kann ein Mensch nicht / bleib'n in solchem Anseh'n, sondern / muss davon wie ein Vieh. … Dies ihr Tun ist eitel Torheit; / doch loben's ihre Nach-kommen mit ihrem Munde. (Zwischenspiel)
Sie liegen in der Höll wie Scha-fe, der Tod weidet sie; / aber die Frommen werden gar / bald über sie herrschen, … und ihr Trotz muss vergehen; in / der Hölle müssen sie / bleiben. Aber Gott wird meine / Seele erlösen aus … der Hölle Gewalt; denn er hat / mich angenommen. (Zwischenspiel)
Lass dich's nicht irren, ob einer / reich wird, ob die Herrlich-keit seines Hauses groß wird. Denn / er wird nichts in seinem … Sterben mitnehmen, und seine / Herrlichkeit wird ihm nicht / nachfahren. Er tröstet sich wohl / dieses guten Lebens, … und man preiset's, wenn einer sich / gütlich tut; aber doch / fahren sie ihren Vätern nach / und seh'n das Licht nimmer. … Kurz, wenn ein Mensch in Anseh'n ist / und hat keinen Verstand, / so fährt er davon wie ein Vieh.

50   **Psalm 50**

Nach dem Psalm Asaphs.

Gott, der HERR, der Mächtige, re-det und ruft der Welt vom / Aufgang der Sonne bis zu ihr'm / Niedergang. Aus Zion … bricht an der schöne Glanz Gottes. / Unser Gott kommt und schweigt / nicht. Fressend Feuer geht vor ihm / her und um ihn her ist … ein

großes Wetter. Er ruft Him-mel und Erde, dass er / sein Volk richte: „Versammelt mir / meine Heiligen, die … den Bund mit mir gemacht hab'n beim / Opfer." Und die Himmel / werden seine Gerechtigkeit / verkündigen; denn Gott … ist Richter. (Zwischenspiel)
„Hör, mein Volk, lass mich reden; Is-rael, lass mich unter / dir zeugen: Ich, Gott, bin dein Gott. / Deines Opfers halben … strafe ich dich nicht, sind doch dei-ne Brandopfer immer / vor mir. Ich will nicht von deinem / Hause Farren nehmen … noch Böcke aus deinen Ställen. / Denn alle Tier im Wald / sind mein und das Vieh auf den Berg'n, / da sie bei tausend geh'n. … Ich kenn alle Vögel auf den / Bergen, und allerlei / Tier auf dem Felde ist vor mir. / Wo mich hungerte, wollt … ich dir nicht davon sag'n; denn der / Erdboden ist mein und / alles, was darin ist. Meinst du, / dass ich Ochsenfleisch ess' … oder dass ich Bocksblut trinken / wolle? Opfere Gott / Dank und bezahle dem Höchsten / deine Gelübde und … rufe mich an in der Not, so / will ich dich erretten, / so sollst du mich preisen." Aber / zum Gottlosen spricht Gott: … „Was verkündigst du meine Rech-te und nimmst meinen Bund / in deinen Mund, so du doch Zucht / hassest und wirfst meine … Worte hinter dich? Wenn du ei-nen Dieb siehst, so läufst du / mit ihm und hast Gemeinschaft mit / den Ehebrechern. Und … deinen Mund lässest du Böses / reden, und deine Zung / treibt Falschheit. Du sitzt und redest / wider deinen Bruder; … deiner Mutter Sohn verleumdest / du. Das tust du, und ich / schweige; da meinst du, ich werde / sein gleichwie du. Aber … ich will dich strafen und will dir's / unter Augen stellen. / Merket doch das, die ihr Gottes / vergesset, dass ich nicht … einmal hinraffe und sei kein / Retter da. Doch wer Dank / opfert, der preiset mich; und da / ist der Weg, dass ich ihm … zeige das Heil Gottes."

Nach dem Psalm Davids, vorzusingen; da der Prophet Nathan zu
ihm kam, als er war zu Bath-Seba eingegangen.

Gott, sei mir gnädig nach deiner / Güte und tilg meine / Sünden
nach deiner großen Barm-herzigkeit. Wasche mich … wohl von
meiner Missetat und / reinige mich von mei-ner Sünde. Denn ich
erkenne / meine Missetat, und … meine Sünde ist immer vor / mir.
An dir allein ha-be ich gesündigt und übel / vor dir getan, auf dass
… du recht behaltest in deinen / Worten und rein bleibest, / wenn du
gerichtet wirst. Siehe, / ich bin in sündlichem … Wesen geboren,
und meine / Mutter hat mich in Sünd / empfangen. Siehe, du hast
Lust / zu der Wahrheit, die im … Verborgenen liegt; du lässest /
mich wissen die heimlich / Weisheit. Entsündige mich mit / Isop,
dass ich rein werd; … wasche mich, dass ich schneeweiß werd. /
Lass mich hören Freude / und Wonne, dass die Gebeine / fröhlich
werden, die du … zerschlagen hast. Verbirg dein Ant-litz von
meinen Sünden / und tilge alle meine Mis-setaten. Schaff in mir, …
Gott, ein reines Herz und gib mir / einen neuen, gewis-sen Geist.
Verwirf mich nicht von dei-nem Angesicht und nimm … deinen
heil'gen Geist nicht von mir. / Tröst mich wieder mit dei-ner Hilfe,
und mit einem freu-digen Geist rüst mich aus. … Ich will die
Übertreter dei-ne Wege lehren, dass / sich die Sünder zu dir
bekehr'n. / Errette mich von den … Blutschulden, Gott, der du mein
Gott / und Heiland bist, dass mei-ne Zunge deine Gerechtig-keit
rühme. Herr, tue … meine Lippen auf, dass mein Mund / deinen
Ruhm verkünde. / Denn du hast nicht Lust zum Opfer, / ich wollt
dir's sonst wohl geb'n, … und Brandopfer gefallen dir / nicht. Die
Opfer, die Gott / gefallen, sind ein geängste-ter Geist; ein geängstet
… und zerschlagen Herz wirst du, Gott, / nicht verachten. Tue /
wohl an Zion nach deiner Gnad; / baue die Mauern zu … Jerusalem.
Dann werden dir / gefallen die Opfer / der Gerechtigkeit, die

Brando-pfer und ganzen Opfer; … dann wird man Farren auf deinem / Altar opfern.

52   Psalm 52

Nach der Unterweisung Davids, vorzusingen; da Doeg, der Edomiter, kam und sagte Saul an und sprach: David ist in Ahimelechs Haus gekommen.

Was trotzest du denn, du Tyrann, / dass du kannst Schaden tun; / so doch Gottes Güte noch tä-glich währt? Deine Zunge … trachtet nach Schaden und schneidet / mit Lügen wie ein scharf / Schermesser. Du redest lieber / Böses denn Gutes, und … red'st lieber Falsches denn Rechtes. (Zwischenspiel)
Du redest gerne alles, was / zu verderben dient, mit / falscher Zung. Darum wird dich Gott / auch ganz und gar zerstör'n … und wird dich zerschlagen und aus / deiner Hütte reißen / und aus dem Lande der Leben-digen gar ausrotten. (Zwischenspiel)
Und die Gerechten werden es / sehen und sich fürchten / und werden sein lachen: „Siehe, / das ist der Mann, der Gott … nicht für seinen Trost hielt, sondern / verließ sich auf seinen / großen Reichtum und war mächtig, / Schaden zu tun." Doch ich … werde bleiben wie ein grüner / Ölbaum im Haus Gottes, / verlasse mich auf Gottes Gü-te immer und ewig. … Ich dank dir ewiglich, denn du / kannst's wohl machen; ich will / harr'n auf deinen Nam'n, denn deine / Heiligen hab'n Freud d'ran.

53   Psalm 53

Nach der Unterweisung Davids, im Chor umeinander vorzusingen.

Die Toren sprechen in ihrem / Herzen: Es ist kein Gott. / Sie taugen nichts und sind ein Greu-el geworden in ihr'm … bösen Wesen; da ist keiner, / der Gutes tut. Gott schaut / vom Himmel auf der Menschen Kin-der, dass er sehe, ob ... jemand klug sei, der nach Gott frag. / Aber sie sind alle / abgefall'n und allesamt un-tüchtig; da ist keiner, ... der Gutes tu, auch nicht *einer*. / Wollen denn die Übel-täter sich nicht sagen lassen, / die mein Volk fressen, dass ... sie sich daran nähren? Doch Gott / rufen sie nicht an. Da / fürchten sie sich aber, wo nichts / zu fürchten ist; denn Gott ... zerstreut die Gebeine derer, / die dich belagern. Du / machst sie zu Schanden; denn Gott ver-schmäht sie. Ach dass die Hilf, ... dass die Hilf aus Zion über / Israel käme und / Gott sein gefangen Volk erlös-ete! So würde sich ... Jakob freuen und Israel / fröhlich sein.

54   **Psalm 54**

Nach der Unterweisung Davids, vorzusingen, auf Saitenspiel; da die von Siph kamen und sprachen zu Saul: David hat sich bei uns verborgen.

Hilf mir, Gott, durch deinen Namen / und schaffe mir Recht durch / deine Gewalt. Gott, erhöre / mein Gebet, vernimm die ... Rede meines Mundes. Denn Stol-ze setzen sich wider / mich, und Trotzige stehen mir / nach meiner Seele und ... sie haben Gott nicht vor Augen. (Zwischenspiel)
Siehe, Gott steht mir bei, der HERR / erhält meine Seele. / Er wird die Bosheit meinen Fein-den bezahlen. Verstör ... sie durch deine Treu! So will ich / dir ein Freudenopfer / tun und deinem Nam'n, HERR, danken, / dass er so tröstlich ist. ... Denn du errettest mich aus al-ler meiner Not, dass mein / Auge an meinen Feinden Lust / sieht.

Nach der Unterweisung Davids, vorzusingen, auf Saitenspiel.

Gott, erhör mein Gebet und ver-birg dich nicht vor meinem /
Flehen. Merke auf mich und er-höre mich, wie ich so … kläglich
zag und heul, dass der Feind / so schreit, der Gottlose / so drängt;
denn sie wollen mir ei-ne Tücke beweisen … und sind mir heftig
gram. Mein Herz / ängstet sich in meinem / Leibe, und des Todes
Furcht ist / auf mich gefallen. Furcht … und Zittern ist mich
angekom-men, und Grauen hat mich / überfallen. Ich sprach: O
hätt / ich Flügel wie Tauben, … dass ich flöge und wo bliebe! /
Siehe, so wollte ich / ferne wegfliehen und wollte / in der Wüste
bleiben. (Zwischenspiel)
Ich wollte eilen, dass ich ent-rönne vor dem Sturmwind / und
Wetter. Mache ihre Zun-ge uneins, Herr, und lass … sie untergehen;
denn ich seh' / Frevel und Hader in / der Stadt. Solches geht Tag und
Nacht / um und um auf ihren … Mauern, und Mühe und Arbeit / ist
drinnen. Schadentun / regiert drinnen; Lügen und Trü-gen lässt nicht
von ihrer … Gasse. Wenn mich doch mein Feind schän-dete, wollte
ich's leid'n; / und wenn mein Hasser wider mich / pochte, wollte ich
mich … vor ihm verbergen. Du aber / bist mein Geselle, mein /
Freund und mein Verwandter, die wir / freundlich miteinander …
waren unter uns; wir wandel-ten im Hause Gottes / unter der
Menge. Der Tod ü-bereile sie, dass sie … lebendig in die Hölle fahren; denn es ist eitel / Bosheit unter ihrem Haufen. / Ich aber will zu
Gott … rufen, und der HERR wird mir hel-fen. Des Abends,
Morgens / und Mittags will ich klagen und / heulen, so wird er hör'n
… so wird er meine Stimme hör'n. / Er erlöst meine Seel / von
denen, die an mich wollen, / und er schafft ihr Ruhe; … er schafft
Ruhe; denn ihrer vie-le sind wider mich. Gott / wird hören und sie
demüti-gen, der alleweg bleibt. (Zwischenspiel)
Denn sie werden nicht anders und / fürchten Gott nicht. Sie leg'n /
ihre Hände an seine Fried-samen und entheilig'n … seinen Bund.

Ihr Mund ist glätter / denn Butter, und haben / doch Krieg im Sinn; ihre Worte / sind gelinder denn Öl, … und sind doch bloße Schwerter. Wirf / dein Anliegen auf den / HERRN; der wird dich versorgen und / wird den Gerechten nicht … ewiglich in Unruhe las-sen. Aber, Gott, du wirst / sie hinunterstoßen in die / tiefe Grube: und die … Blutgierigen und Falschen wer-den ihr Leben nicht zur / Hälfte bringen. Ich aber hof-fe auf dich.

56   Psalm 56

Nach dem gülden Kleinod Davids, von der stummen Taube unter den Fremden, da ihn die Philister griffen zu Gath.

Gott, sei mir gnädig, denn Menschen / schnauben wider mich; und / täglich streiten sie und ängsten / mich. Meine Feind schnauben … täglich; denn viele streiten stolz / wider mich. Wenn ich mich / fürchte, so hoff ich auf dich. Ich / will Gottes Wort rühmen; … auf Gott will ich hoffen und mich / nicht fürchten; was sollte / mir Fleisch tun? Täglich fechten sie / meine Worte an; all … ihre Gedanken sind, dass sie / mir Übel tun. Und sie / halten zuhauf und lauern und / haben acht auf meine … Fersen, wie sie meine Seele / erhaschen. Sollten sie / mit ihrer Bosheit entrinnen? / Gott, stoße solche Leut … ohne alle Gnade hinun-ter! Zähle die Wege / meiner Flucht; fasse meine Trä-nen in deinen Krug. Ja, … ohne Zweifel, du zählst sie. Dann / werden sich meine Feind / müssen zurückkehren, wenn ich / ruf; so werd' ich inne, … dass du mein Gott bist. Ich will rüh-men Gottes Wort; ich will / rühmen des HERRN Wort. Auf Gott hof-fe ich und fürcht mich nicht; … was können mir die Menschen tun? / Ich hab dir, Gott, gelobt, / dass ich dir danken will; denn du / hast meine Seele vom … Tode errettet, meine Fü-ße vom Gleiten, dass ich / wandle vor Gott im Licht der Le-bendigen.

Nach dem gülden Kleinod Davids, vorzusingen, dass er nicht umkäme, da er vor Saul floh in die Höhle.

Sei mir gnädig, o Gott, sei mir / gnädig! denn auf dich traut / meine Seele, und unter dem / Schatten deiner Flügel … habe ich Zuflucht, bis dass das / Unglück vorübergeh. / Ich ruf zu Gott, dem Allerhöch-sten, zu Gott, der meines … Jammers ein Ende macht. Er sen-det oben vom Himmel / und hilft mir von der Schmähung des, / der wider mich schnaubet. (Zwischenspiel)
Gott sendet seine Güte und / Treue. Ich liege mit / meiner Seele unter den Lö-wen; die Menschenkinder … sind Flammen, ihre Zähne sind / Spieße und Pfeile und / ihre Zungen scharfe Schwerter. / Erhebe dich, o Gott, … über den Himmel, und deine / Ehre über alle / Welt. Sie stellen meinem Gang Ne-tze und drücken meine … Seele nieder; sie graben vor / mir eine Grube, und / fallen selbst hinein. (Zwischenspiel)
Mein Herz ist bereit, Gott, mein Herz / ist bereit, dass ich sing / und lobe. Wache auf, meine / Ehre, wach auf, Psalter … wach auf Harfe! Mit der Frühe / will ich aufwachen. Herr, / ich will dir danken unter den / Völkern; und ich will dir … lobsingen unter den Leuten. / Denn deine Güte ist, / soweit der Himmel ist, und dei-ne Wahrheit, soweit die … Wolken gehen. Erhebe dich, / Gott, über den Himmel, / und deine Ehre über al-le Welt.

58   **Psalm 58**

Nach dem gülden Kleinod Davids, vorzusingen, dass er nicht umkäme.

Seid ihr denn stumm, dass ihr nicht re-den wollt, was recht ist, und / richten, was gleich ist, ihr Menschen-kinder? Ja, mutwillig … tut ihr Unrecht im Lande und / geht stracks durch, mit euren / Händen zu freveln. Die Gottlo-sen sind schon verkehrt von … Mutterschoß an; die Lügner ir-ren von Mutterleib an. / Ihr Wüten ist gleichwie das Wü-ten einer Schlange, wie … eine taube Otter, die ihr / Ohr zustopft, dass sie nicht / höre die Stimme des Zaube-rers, des Beschwörers, der … wohl beschwören kann. Gott, zerbrich / ihre Zähne in ihr'm / Maul; zerstoße, HERR, das Gebiss / der jungen Löwen! Sie … werden zergehen wie Wasser, / das dahinfließt. Sie ziel'n / mit ihren Pfeilen; aber die-selben zerbrechen. Und … sie vergeh'n wie eine Schnecke / verschmachtet; wie eine / unzeitige Geburt eines / Weibes sehen sie die … Sonne nicht. Eh eure Dornen / reif werden am Dornstrauch, / wird sie ein Zorn so frisch weg-reißen. Der Gerechte wird … sich freuen, wenn er solche Ra-che sieht, und wird seine / Füße baden in des Gottlo-sen Blut, dass die Leute … sagen: Der Gerechte wird ja / seiner Frucht genießen; / es ist ja noch Gott Richter auf / Erden.

59   **Psalm 59**

Nach dem gülden Kleinod Davids, dass er nicht umkäme, da Saul hinsandte und ließ sein Haus verwahren, daß er ihn tötete.

Errette mich, mein Gott, von mei-nen Feinden und schütze / mich vor denen, so sich wider / mich setzen. Errette … und erlös mich von den Übel-tätern und hilf mir von / den Blutgierigen. Denn siehe, / HERR, sie lauern hier auf … meine Seele; und die Starken / sammeln sich wider mich / ohne meine Schuld und Misse-tat. Sie laufen ohne … meine Schuld und bereiten sich. / Erwach und begegne / mir und sieh drein. Du, HERR, Gott Ze-baoth, Gott Israels, … wach auf und such heim alle Hei-den; und sei der keinem / gnädig, die solche verwege-ne Übeltäter sind. (Zwischenspiel) Des Abends heul'n sie wiederum / wie die Hund und laufen / in der Stadt umher. Siehe, sie / plaudern miteinander; … Schwerter sind in ihren Lippen: / „Wer sollte es hören?" / Aber du, HERR, wirst ihrer la-chen und aller Heiden … wirst du spotten. Vor ihrer Macht / halte ich mich zu dir; / denn Gott ist mein Schutz. Gott erzeigt / mir reichlich seine Güt; … Gott lässt mich meine Lust sehen / an meinen Feinden. Und / erwürge sie nicht, dass es mein / Volk nicht vergesse; doch … zerstreue sie aber mit dei-ner Macht, HERR, unser Schild, / und stoße sie hinunter! Das / Wort ihrer Lippen ist … eitel Sünde, darum müssen / sie gefangen werden / in ihrer Hoffart; denn sie re-den eitel Fluchen und … reden Lügen. Vertilge sie / ohne alle Gnade; / vertilge sie, dass sie nichts sei-en und innewerden, … dass Gott Herrscher sei in Jakob, / in aller Welt. (Zwischenspiel)

Des Abends heulen sie wieder-um wie die Hunde und / laufen in der Stadt umher. Sie / laufen hin und her um … Speise und murren, wenn sie nicht / satt werden. Ich aber / will von deiner Macht singen und / will des Morgens rühmen … deine Güte; denn du bist mir / mein Schutz und Zuflucht in / meiner Not. Ich will dir, mein Hort, / lobsingen; denn du, Gott, … bist mein Schutz und mein gnädiger / Gott.

60   **Psalm 60**

Nach dem gülden Kleinod Davids, vorzusingen; von der Rose des Zeugnisses, zu lehren; da er gestritten hatte mit den Syrern zu Mesopotamien und mit den Syrern von Zoba; da Joab umkehrte und schlug der Edomiter im Salztal zwölftausend.

Gott, der du uns verstoßen und / zerstreut hast und zornig / warst, tröste uns wieder. Der du / die Erde bewegt und … zerrissen hast, heile ihre / Brüche, die so zerschellt / ist. Denn du hast deinem Volk Har-tes erzeigt; du hast uns … einen Trunk Weins gegeben, dass / wir taumelten; du hast / aber doch ein Panier gegeb'n / denen, die dich fürchten, … welches sie aufwarfen und das / sie sicher machte. (Zwischenspiel)

Auf dass deine Lieben erle-digt werden, hilf uns mit / deiner Rechten und erhöre / uns. Gott redete in … seinem Heiligtum, des bin ich / froh, und will teil'n Sichem / und abmessen das Tal Sukkoth. / Gilead ist mein, und … mein ist Manasse, Ephraim / ist die Macht meines Haupt's, / Juda ist mein Zepter, Moab / ist mein Waschbecken, und … meinen Schuh strecke ich über / Edom, Philistäa / jauchzt mir zu. Wer will mich führen / in eine feste Stadt? … Wer geleitet mich bis nach E-dom? Wirst du es nicht tun, / Gott, der du uns verstößest und / ziehst nicht aus, Gott, mit uns? … Schaffe uns Beistand in der Not; / denn Menschenhilfe ist / nichts nütze. Mit Gott wollen wir / Taten tun. Und er wird … unsre Feinde untertreten.

61   **Psalm 61**

Nach dem Psalm Davids, vorzusingen, auf Saitenspiel.

Hör, Gott, mein Schrei'n und merk auf mein / Gebet! Hienieden auf / Erden rufe ich zu dir, wenn / mein Herz in Angst ist, du … wollest mich führ'n auf einen ho-hen Felsen. Denn du bist / meine Zuversicht, ein starker / Turm vor meinen Feinden. … Lasse mich wohnen in deiner / Hütte ewiglich und / lasse mich Zuflucht haben un-ter deinen Fittichen. (Zwischenspiel)
Denn du, Gott, hörst meine Gelüb-de; du belohnst die wohl, / die deinen Namen fürchten. Du / woll'st dem König langes … Leben geben, dass seine Jah-re währen immer für / und für, dass er immer bleibe / vor Gott. Erzeige ihm … Güt und Treu, die ihn behüten. / So will ich dir singen / ewiglich, dass ich meine Ge-lübde bezahl' täglich.

62   Psalm 62

Nach dem Psalm Davids für Jeduthun, vorzusingen.

Meine Seele ist still zu Gott, / der mir hilft. Denn er ist / mein Hort, meine Hilf, mein Schutz, dass / mich kein Fall stürzen wird, … kein Fall, wie groß er auch ist. Wie / lange stellt ihr alle / *einem* nach, dass ihr ihn erwürgt - / als eine hangend Wand … und als zerrissene Mauer? / Sie denken nur, wie sie / ihn dämpfen, fleißigen sich der / Lüge; geben gute … Worte, aber im Herzen flu-chen sie. (Zwischenspiel)
Aber sei nur stille zu Gott, / meine Seele; denn er / ist meine Hoffnung. Er ist mein / Hort, meine Hilfe und … mein Schutz, dass ich nicht fallen werd. / Bei Gott ist mein Heil, und / meine Ehre, der Fels meiner / Stärk; meine Zuversicht … ist auf Gott. Hofft auf ihn alle-zeit, liebe Leut, schüttet / euer Herz vor ihm aus; Gott ist / unsere Zuversicht. (Zwischenspiel)
Aber Menschen sind ja nichts, gro-ße Leute fehlen auch; / sie wiegen weniger denn nichts, / soviel ihrer auch ist. … Verlasset euch nicht auf Unrecht / und Frevel, haltet euch / nicht zu solchem, das eitel ist; / fällt euch Reichtum zu, so … hänget das Herz nicht daran. Gott / hat *ein* Wort geredet, / das habe ich etlichemal / gehört: dass Gott allein … mächtig ist. Und du, HERR, bist gnä-dig und bezahlst einem / jeglichen, wie er's verdient.

63   Psalm 63

Nach dem Psalm Davids, da er war in der Wüste Juda.

Gott, du bist mein Gott; frühe wa-ch ich zu dir. Es dürstet / meine Seel nach dir; mein Fleisch ver-langt nach dir in einem … trockenen und dürren Lande, / da kein Wasser ist. Da-selbst sehe ich nach dir in dei-nem Heiligtum, wollte … gerne schauen deine Macht und / Ehre. Denn deine Güt / ist besser denn Leben; und mei-ne Lippen preisen dich. ... Daselbst wollte ich dich gerne / loben mein Leben lang / und meine Hände in deinem / Namen aufheben. Das ... wäre meines Herzens Freude / und Wonne, wenn ich dich / mit fröhlichem Munde loben / sollte. Wenn ich mich zu ... Bette lege, so denke ich / an dich; wenn ich erwach, / so rede ich von dir. Denn du / bist mein Helfer, unter ... dem Schatten deiner Flügel frohlocke ich. Meine Seel / hanget dir an; deine rechte / Hand erhält mich. Doch sie ... stehen nach meiner Seele, mich / zu überfallen; sie / werden unter die Erde hi-nunterfahren. Sie werd'n ... ins Schwert fallen und den Füchsen / zuteil werden. Aber / der König freut sich in Gott. Wer / bei ihm schwört, wird gerühmt; ... denn die Lügenmäuler sollen / verstopft werden.

64   **Psalm 64**

Nach dem Psalm Davids, vorzusingen.

Höre, Gott, meine Stimme in / meiner Klage; behüt / mein Leben vor dem grausamen / Feinde. Verbirg mich vor ... der Versammlung der Bösen, vor / dem Haufen der Übel-täter, welche ihre Zunge / schärfen wie ein Schwert, die ... mit ihren giftigen Worten / zielen wie mit Pfeilen, / dass sie heimlich schießen den From-men; plötzlich schießen sie ... auf ihn ohne alle Scheu. Sie / sind kühn mit ihr'n bösen / Anschlägen und sagen, wie sie / Stricke legen wollen, ... und sprechen: Wer kann sie sehen? / Sie erdichten Schalkheit / und halten's heimlich, und sind ver-schlagen und sie haben ... geschwinde Ränke. Aber Gott / wird sie plötzlich schießen, / dass es ihnen wehe tun wird. / Ihre eigene Zung ... wird sie fällen, dass ihrer spot-ten wird, wer sie sieht. Und / alle Menschen werden sich fürch-ten und sagen: „Das hat ... Gott getan!" und merken, dass es / sein Werk sei. Und die Ge-rechten werden sich des HERRN freu-en und auf ihn trauen, ... und alle frommen Herzen wer-den sich des rühmen.

65   Psalm 65

Nach dem Psalm Davids, ein Lied, vorzusingen.

Gott, man lobt dich in der Stille / zu Zion, und dir be-zahlt man
Gelübde. Du erhörst / Gebet; und darum kommt … alles Fleisch zu
dir. Unsre Mis-setat drückt uns hart; du / wollest unsre Sünden
vergeb'n. / Wohl dem, den du erwählst … und zu dir lässest, dass er
woh-ne in deinen Höfen; / der hat reichen Trost von deinem / Hause,
reichen Trost von … deinem heiligen Tempel. Er-hör uns nach der
wunder-baren Gerechtigkeit, Gott, un-ser Heil, der du bist die …
Zuversicht aller auf Erden / und ferne am Meer; der / die Berge fest
setzt in seiner / Kraft und gerüstet ist … mit Macht; der du stillest
das Brau-sen des Meers, das Brausen / seiner Well'n und das Tob'n
der Völ-ker, dass sich entsetzen, … die an den Enden wohnen, vor /
deinen Zeichen. Du machst / fröhlich, was da webet, gegen /
Morgen und geg'n Abend. … Du suchest das Land heim und wäs-
serst es und machst es sehr / reich. Gottes Brünnlein hat Wassers /
die Fülle. Du lässest … ihr Getreide wohl geraten; / denn also
bauest du / das Land. Du tränkest seine Fur-chen und du feuchtest
sein … Gepflügtes; mit Regen machst du / es weich und segnest
sein / Gewächs. Du krönest das Jahr mit / deinem Gut, und deine …
Fußtapfen triefen von Fett. Die / Weid'n in der Wüste sind / auch
fett, dass sie triefen, die Hü-gel sind umher lustig. … Die Anger
sind voll Schafe, und / die Auen stehen dick / mit Korn, dass man
jauchzet und sin-get.

66   Psalm 66

Nach dem Psalmlied, vorzusingen.

Jauchzet Gott, alle Lande! Lob-singt zu Ehren seinem / Namen;
rühmet ihn herrlich! Sprecht / zu Gott: „Wie wunderbar … sind
deine Werke! Es wird dei-nen Feinden fehlen vor / deiner großen

Macht. Alles Land / bete dich an und sing … lobsinge dir, lobsinge dei-nem Namen." (Zwischenspiel)

Kommet her und sehet an die / Werke Gottes, der so / wunderbar ist mit sei'm Tun un-ter den Menschenkindern. … Er verwandelt das Meer ins Tro-ckene, dass man zu Fuß / über das Wasser ging; dort freu-ten wir uns sein. Er herrscht … mit seiner Gewalt ewiglich; / seine Aug'n schau'n auf die / Völker. Die Abtrünnigen werd'n / sich nicht erhöh'n können. (Zwischenspiel)

Lobet, ihr Völker, unsern Gott; / lasset seinen Ruhm weit / erschallen, der unsre Seelen / im Leben erhält und … lässet unsre Füße nicht glei-ten. Denn, Gott, du hast uns / versucht und geläutert wie das / Silber geläutert wird; … du hast uns lassen in den Turm / werfen; und du hast auf / unsere Lenden eine Last / gelegt; du hast Menschen … lassen über unser Haupt fahr'n; / wir sind in Feuer und / Wasser gekommen: aber du / hast uns ausgeführt und … erquickt. Darum will ich mit Brand-opfern gehen in dein / Haus und dir meine Gelübde / bezahl'n, wie ich meine … Lippen habe aufgetan und / mein Mund geredet hat / in meiner Not. Ich will dir Brand-opfer bringen von den … feisten Schafen samt dem Rauch von / Widdern; ich will opfern / Rinder mit Böcken. (Zwischenspiel)

Kommet her, höret zu alle, / die ihr Gott fürchtet; ich / will erzählen, was er an mei-ner Seele getan hat. … Zu ihm rief ich mit meinem Mund, / und pries ihn mit meiner / Zunge. Wo ich Unrecht's vorhät-te in meinem Herzen, … so würd der HERR nicht hören; a-ber Gott hat mich erhört / und gemerkt auf mein Fleh'n. Gelobt / sei Gott, der mein Gebet … nicht verwirft noch seine Güte / von mir wendet.

67   **Psalm 67**

Nach dem Psalmlied, vorzusingen, auf Saitenspiel.

Gott sei uns gnädig und segne / uns; er lasse uns sein / Antlitz leuchten (Zwischenspiel),

dass man auf Erden erkenne / seinen Weg, unter all'n / Heiden sein Heil. Es danken dir, / o Gott, alle Völker; … es danken dir alle Völker. / Die Völker freuen sich / und jauchzen, dass du die Leute / recht richtest und regierst … die Leute auf Erden. (Zwischenspiel)
Es danken dir, Gott, die Völker; / es danken dir alle / Völker. Und das Land gibt sein Ge-wächs. Es segne uns Gott, … unser Gott. Es segne uns Gott, / und alle Welt fürchte / ihn!

68   Psalm 68

Nach dem Psalmlied Davids, vorzusingen.

Es stehe Gott auf, dass seine / Feinde zerstreut werden, / und die ihn hassen, vor ihm flie-hen. Vertreibe sie, wie … der Rauch vertrieben wird; wie das / Wachs zerschmilzt vom Feuer, / so müssen umkommen die Gott-losen vor Gott. Aber … die Gerechten müssen sich freu-en und fröhlich sein vor / Gott und von Herzen sich freuen. / Singet Gott, lobsinget … seinem Namen! Macht Bahn dem, der / durch die Wüste herfährt / – er heißt HERR –, und freuet euch vor / ihm, der ein Vater ist … der Waisen und ein Richter der / Witwen. Er ist Gott in / seiner heiligen Wohnung, ein / Gott, der den Einsamen … das Haus voll Kinder gibt, der die / Gefangenen ausführt / zu rechter Zeit und lässt die Abtrün-nigen bleiben in … der Dürre. Gott, da du vor dei-nem Volk herzogst, da du / einhergingst in der Wüste (Zwischenspiel),
da bebte die Erde, und die / Himmel troffen vor Gott, / dieser Sinai vor dem Gott, / der Israels Gott ist. … Du gabst, Gott, einen gnädigen / Regen; und dein Erbe, / das dürre war, erquicktest du, / dass deine Herde d'rin … wohnen könne. Ja Gott, du lab-test die Elenden mit / deinen Gütern. Der HERR gab das / Wort mit großen Scharen … Evangelisten: „Die Köni-ge der Heerscharen floh'n / eilends, und die Hausehre teil-te den Raub aus. Wenn ihr … zwischen den Hürden laget, so / glänzte es dort wie der / Taube Flügel, die wie Silber / und Gold schimmern. Als der …

Allmächtige die Könige / im Lande zerstreute, / da ward es helle, wo es dun-kel war." Ein Gebirge ... Gottes ist das Gebirge Ba-sans; ein großes Gebirg / ist das Gebirge Basans. Was / seht ihr scheel, ihr großen ... Gebirge, auf den Berg, da Gott / Lust hat zu wohnen? Und / der HERR bleibt auch immer daselbst. / Der Wagen Gottes sind ... vieltausendmal tausend; der Herr / ist unter ihnen am / heiligen Sinai. Du bist / in die Höhe gefahr'n ... und hast das Gefängnis gefan-gen; und du hast Gaben / empfangen für die Menschen, auch / die Abtrünnigen, auf ... dass Gott der HERR daselbst wohne. / Gelobet sei der HERR / täglich. Gott legt uns eine Last / auf; aber er hilft auch. (Zwischenspiel)

Wir haben einen Gott, der da / hilft, und den HERRN Herrn, der / vom Tode errettet. Ja, Gott / wird den Kopf seiner Feind ... zerschmettern, den Haarschädel der-er, die da fortfahren / in ihrer Sünde. Der Herr hat ge-sagt: „Aus Basan will ... ich sie wieder holen, aus der / Tiefe des Meeres will / ich sie holen, dass dein Fuß in / der Feinde Blut gefärbt ... werde und deine Hunde es / lecken." Man sieht, Gott, wie / du einherziehst, wie du, mein Gott / und König, einherziehst ... im Heiligtum. Die Sänger ge-hen vorher, darnach die / Spielleute unter den Jungfrau-en, die da pauken: „Lobt, ... lobt Gott den Herrn in den Versam-mlungen, ihr vom Brunnen / Israels!" Da herrscht unter ih-nen der klein Benjamin, ... die Fürsten Juda's mit ihren / Haufen, und die Fürsten / Sebulons, die Fürsten Naphtha-lis. Dein Gott hat dein Reich ... aufgerichtet; das wollest du, / Gott, uns stärken, denn es / ist dein Werk. Um deines Tempels / will'n zu Jerusalem ... werden dir die Könige Ge-schenke zuführen. Schilt / das Tier im Rohr, die Rotte der / Ochsen mit ihr'n Kälbern, ... den Völkern, die da zertreten / um Geldes willen. Er / zerstreut die Völker, die da ger-ne kriegen. Die Fürsten ... aus Ägypten werden kommen; / Mohrenland wird seine / Hände ausstrecken zu Gott. Ihr / Königreiche auf Erd'n, ... singet Gott, lobsinget dem Herrn (Zwischenspiel),

lobsingt dem, der da fährt im Him-mel allenthalben von / Anbeginn! Siehe, er wird sei-nem Donner Kraft geben. ... Gebt Gott die

Macht! Sein Herrlichkeit / ist über Israel, / und seine Macht in den Wolken. / Gott ist wundersam in … seinem Heiligtum. Er ist Gott / Israels; er wird dem / Volk Macht und Kraft geben. Ge-lobt sei Gott!

69   Psalm 69

Nach dem Psalm Davids, von den Rosen, vorzusingen.

Gott, hilf mir; denn das Wasser geht / mir bis an die Seele. / Ich versinke in tiefem Schlamm, / da kein Grund ist; ich bin … im tiefen Wasser, und die Flut / will mich ersäufen. Ich / habe mich müde geschrieen, / mein Hals ist heiser; das … Gesicht vergeht mir, dass ich so / lange muss harren auf / meinen Gott. Die mich ohne Ur-sache hassen, deren … ist mehr, denn ich Haare auf dem / Haupt habe. Die mir un-billig feind sind und mich verder-ben, sind mächtig. Und ich … muss bezahlen, was ich nicht ge-raubt habe. Gott, du weißt / meine Torheit, und meine Schul-den sind dir nicht verborg'n. … Lass nicht zu Schanden werd'n an mir, / die dein harren, Herr HERR / Zebaoth! Lass nicht schamrot werd'n / an mir, die dich suchen, … o Gott Israels! Denn um dei-netwillen trage ich / Schmach; mein Angesicht ist voller / Schande. Ich bin fremd word'n … meinen Brüdern und unbekannt / meiner Mutter Kindern. / Denn der Eifer um dein Haus hat / mich gefressen; und die … Schmähungen derer, die dich schmäh'n, / sind auf mich gefallen. / Und ich weine und faste bit-terlich; und man spottet … man spottet mein dazu. Ich hab' / einen Sack angezog'n; / aber sie treiben Gespött mit / mir. Die im Tor sitzen, … schwatzen von mir, und in den Zech-en singt man von mir. Ich / aber bete, HERR, zu dir zur / angenehmen Zeit; Gott … durch deine große Güte er-höre mich mit deiner / treuen Hilfe. Errette mich / aus dem Kot, dass ich nicht … versinke; dass ich errettet / werd von meinen Hassern / und aus dem tiefen Wasser; dass / mich die Wasserflut nicht … ersäufe und die Tiefe nicht / verschlinge und das Loch / der Grube nicht über mir zu-sammengehe. Erhör' … mich, HERR, denn deine Güte ist /

tröstlich; wende dich zu / mir nach deiner großen Barmher-zigkeit und verbirg dein … Angesicht nicht vor deinem Knecht, / denn mir ist angst; erhör' / mich eilend. Mach dich zu meiner / Seel und erlöse sie; … erlöse mich um meiner Feind / willen. Du weißt meine / Schmach, Schande und Scham; meine Wi-dersacher sind alle … vor dir. Die Schmach bricht mir mein Herz / und kränkt mich. Ich warte, / ob's jemand jammere – aber / da ist niemand –, und auf … Tröster – aber ich finde kei-ne. Und sie geben mir / Galle zu essen und Essig / zu trinken in meinem … großen Durst. Ihr Tisch werde vor / ihnen zum Strick, zur Ver-geltung und zu einer Falle. / Ihre Augen müssen … finster werden, dass sie nicht seh'n, / und ihre Lenden lass / immer wanken. Gieße deine / Ungnade auf sie, und … dein grimmiger Zorn ergreif sie. / Ihre Wohnung müsse / wüst werden, und sei niemand, der / in ihren Hütten wohn. … Denn sie verfolgen, den du ge-schlagen hast, und rühmen, / dass du die Deinen übel schla-gest. Lass sie in eine … Sünde über die and're fall'n, / dass sie nicht kommen zu / deiner Gerechtigkeit. Und Til-ge sie aus dem Buch der … Lebendigen, dass sie mit den / Gerechten nicht ange-schrieben werden. Ich aber bin / elend, und mir ist weh. … Gott, deine Hilfe schütze mich! / Und ich will den Namen / Gottes loben mit einem Lied / und will ihn hoch ehren, … will ihn hoch ehr'n mit Dank. Das wird / dem HERRN besser gefall'n / denn ein Farre, der Hörner und / Klauen hat. Es sehen's … die Elenden und freu'n sich; und / die Gott suchen, denen / wird das Herz leben. Denn der HERR / hört die Armen und er … verachtet seine Gefangen-en nicht. Es lobe ihn / Himmel, Erde und Meer und al-les, was sich darin regt. … Denn Gott wird Zion helfen und / die Städte Juda's bau'n, / dass man daselbst wohne und sie / besitze. Und der Sam' … seiner Knechte wird sie erer-ben, und die seinen Nam' / lieben, werden darin bleiben.

70   Psalm 70

Nach dem Psalm Davids, vorzusingen, zum Gedächtnis.

Eile, Gott, mich zu erretten, / HERR, mir zu helfen! Es / müssen sich schämen und zu Schan-den werd'n, die nach meiner … Seele stehen; sie müssen zu-rückkehren und gehöhnt / werd'n, die mir Übles wünschen, dass / sie müssen wiederum … zu Schanden werden, die da ü-ber mich schreien: „Da, da!" / Sich freuen und fröhlich müssen / sein an dir, die nach dir … fragen, und die dein Heil lieben, / immer sag'n: Hoch gelobt / sei Gott! Ich aber bin elend / und arm. Gott, eil zu mir, … eile zu mir, denn du bist mein / Helfer und Erretter; / mein Gott verziehe nicht!

71   Psalm 71

HERR, ich traue auf dich; lass mich / nimmermehr zu Schanden / werden. Errette mich durch dei-ne Gerechtigkeit und … hilf mir aus; neige deine Ohr'n / zu mir und hilf mir! Sei / mir ein starker Hort, dahin ich / immer fliehen möge, … der du zugesagt hast mir zu / helfen; denn du bist mein / Fels und meine Burg. Mein Gott, hilf / mir aus der Hand der Feind, … aus der Hand des Ungerechten / und Tyrannen. Denn du / bist meine Zuversicht, Herr HERR, / du bist meine Hoffnung … von meiner Jugend an. Auf dich / hab ich mich verlassen / von Mutterleibe an; du hast / mich aus meiner Mutter … Leibe gezogen. Mein Ruhm ist / immer von dir. Ich bin / vor viel'n wie ein Wunder; aber / du bist meine starke … Zuversicht. Lass meinen Mund dei-nes Ruhmes und deines / Preises voll sein täglich. Verwirf / mich nicht in mei'm Alter; … verlass mich nicht, wenn ich schwach werd'. / Denn meine Feind reden / wider mich, und die auf meine / Seel lauern, beraten … sich miteinander und sprechen: / „Gott hat ihn verlassen; / jagt nach und ergreifet ihn, denn / da ist kein Erretter." … Gott, sei nicht ferne von mir; mein / Gott, eil, mir zu helfen! / Schämen müssen sich und umkom-men, die meiner Seele … zuwider sind; mit Schande und / Hohn müssen sie über-schüttet werden, die mein Unglück / suchen. Ich aber will … immer harren und will immer / deines Ruhm's mehr machen. / Und mein Mund soll verkündigen / deine Gerechtigkeit, … täglich deine Wohltaten, die / ich nicht alle zählen / kann. Ich gehe einher in der / Kraft des Herrn HERRN; ich preis … deine Gerechtigkeit allein. / Gott, du hast mich gelehrt / von Jugend auf, und bis hierher / verkündig ich deine …Wunder. Auch verlass mich nicht, Gott, / im Alter, wenn ich grau / werde, bis ich deinen Arm ver-kündig Kindeskindern … und deine Kraft allen, die noch / kommen sollen. Ja, Gott, / deine Gerechtigkeit ist hoch, / der du große Dinge … tust. Gott, wer ist dir gleich? Denn du / lässest mich erfahren / viele und große Angst und machst / mich wieder lebendig … und holst mich wieder aus der Tie-fe der Erde herauf. / Du machst mich sehr groß und tröstest / mich wieder. So danke … ich auch dir mit Psalterspiel für / deine Treue, mein Gott; / ich lobsinge dir auf der Har-fe, du Heiliger in … Israel. Meine Lippen und / meine Seele, die du / erlöst hast, sind fröhlich und lob-singen dir. Auch dichtet … meine Zung täglich von deiner / Gerechtigkeit; schämen / müssen sich und zu Schanden werd'n, / die mein Unglück suchen.

72   Psalm 72

Des Salomo.

Gott, gib dein Gericht dem König, / o Gott und gib deine / Gerechtigkeit des Königs Sohn, / dass er dein Volk richte … mit Gerechtigkeit und deine / Elenden rette. Lass / die Berge den Frieden bringen / unter das Volk und die … Hügel die Gerechtigkeit. Er / wird das elende Volk / bei Recht erhalten und den Ar-men helfen und wird die … Lästerer zermalmen. Man wird / dich fürchten, solange / die Sonne und der Mond währt, von / Kind zu

Kindeskindern. … Er wird herabfahren wie der / Regen auf die Aue, / wie die Tropfen, die das Land feuch-ten. Zu seinen Zeiten … wird erblühen der Gerechte / und großer Friede, bis / dass der Mond nimmer sei. Er wird / herrschen von einem Meer … bis ans andere und von dem / Strom an bis zu der Welt / Enden. Vor ihm werden sich nei-gen die in der Wüste, … und seine Feinde werden Staub / lecken. Die Könige / zu Tharsis und auf den Inseln / werd'n Geschenke bringen; … die Könige aus Reichara-bien und Seba werd'n / Gaben zuführ'n. Alle Köni-ge werd'n ihn anbeten; … alle Heiden werd'n ihm dienen. / Denn er wird den Armen / erretten, der da schreit, und den / Elenden, der keinen … Helfer hat. Und er wird gnädig / sein den Geringen und / Armen, und den Seelen der Ar-men wird er helfen. Er … wird ihre Seele aus dem Trug / und Frevel erlösen, / und ihr Blut wird teuer geach-tet werden vor ihm. Er … wird leb'n, und man wird ihm von Gold / aus Reicharabien / geben. Und man wird immerdar / für ihn beten; täglich … wird man ihn segnen. Auf Erden, / oben auf den Bergen, / wird das Getreide dick stehen; / seine Frucht wird rauschen … wie der Libanon, und sie werd'n / grünen in den Städten / wie das Gras auf Erden. Sein Na-me wird ewiglich bleib'n; … solange die Sonne währt, wird / sein Name auf die Nach-kommen reichen, und sie werd'n durch / denselben gesegnet; … alle Heiden werden ihn prei-sen. Gelobet sei Gott / der HERR, der Gott Israels, der / allein Wunder tut; und … gelobt sei sein herrlicher Nam' / ewiglich; und alle / Lande müssen seiner Ehr voll / werden! Amen, amen.

Ein Ende haben die Gebete Davids, des Sohnes Isais.

73   **Psalm 73**

Nach dem Psalm Asaphs.

Israel hat dennoch Gott zum / Trost, wer nur rein's Herzens / ist. Ich aber hätte schier ge-strauchelt mit mein'n Füßen; … mein Tritt wär beinahe geglit-ten. Denn es verdross mich / der Ruhmredigen, da ich sah, / dass es den Gottlosen … so wohl ging. Denn sie sind in kei-ner Gefahr des Todes, / sondern steh'n fest wie ein Palast. / Sie sind nicht in Unglück … wie andere Leute und wer-den nicht wie andere / Menschen geplagt. Darum muss ihr / Trotzen köstlich Ding sein, … und ihr Frevel muss wohl getan / heißen. Ihre Person / brüstet sich wie ein fetter Wanst; / sie tun, was sie denken. … Sie achten alles für nichts und / reden übel davon / und reden und lästern hoch her. / Was sie reden, dass muss … vom Himmel herab geredet / sein; was sie sag'n, das muss / gelten auf Erden. Darum fällt / ihnen ihr Pöbel zu …und laufen ihnen zu mit Hau-fen wie Wasser und sie / sprechen: „Was sollte Gott nach je-nen fragen? Was sollte … der Höchste ihrer achten?" Sieh, / das sind die Gottlosen; / die sind glückselig in der Welt / und werden reich. Soll es … denn umsonst sein, dass mein Herz un-sträflich lebt und dass ich / meine Hände in Unschuld wasch, – und bin geplagt täglich, … und meine Strafe ist alle / Morgen da? Ich hätte / auch schier so gesagt wie sie; a-ber siehe, damit hätt … ich verdammt alle deine Kin-der, die je gewesen / sind. Ich dachte ihm nach, dass ich's / begreifen möchte; doch … es war mir zu schwer, bis dass ich / ging in das Heiligtum / Gottes und merkte auf ihr En-de. Ja, du setzest sie … aufs Schlüpfrige und stürzest sie / zu Boden. Wie werden / sie so plötzlich zunichte! Sie / geh'n unter und nehmen … ein Ende mit Schrecken. Wie ein / Traum, wenn einer erwacht, / so machst du, Herr, ihr Bild in der / Stadt verschmäht. Da es mir … wehe tat im Herzen und mich / stach in meine Nieren, / da war ich ein Narr und wusste / nichts; ich war wie ein Tier. … Dennoch bleib ich stets an dir; denn / du hältst mich bei meiner / rechten Hand, du leitest mich nach / deinem Rat und nimmst mich … endlich mit Ehren an. Wenn ich / nur dich habe, so frag / ich nichts nach Himmel und Erde. / Wenn mir gleich Leib und Seel … verschmachtet, so bist du doch, Gott, / allzeit meines Herzens / Trost und mein Teil. Denn siehe, die / von dir weichen, werden … umkommen; du bringest um, al-le die von dir abfall'n. / Aber das ist meine Freude, / dass ich mich zu

Gott halt … und meine Zuversicht setzte / auf den Herrn HERRN,
dass ich / verkündige all dein Tun.

74   **Psalm 74**

Nach der Unterweisung Asaphs.

Gott, warum verstößt du uns so / gar und bist so grimmig / zornig
über die Schafe dei-ner Weide? Gedenke … an deine Gemeinde, die
du / vor alters erworben / und dir zum Erbteil erlöset / hast, an den
Berg Zion, … darauf du wohnest. Hebe auf / deine Schritte zu
dem, / was so lange wüst liegt. Der Feind / hat alles verderbt im …
Heiligtum. Und deine Wider-sacher brüll'n in deinen / Häusern und
setzen ihre Gö-tzen darein. Man sieht die … Äxte obenher blinken,
wie / man in einen Wald haut; / sie zerhauen alle seine / Tafelwerke
mit Beil … und Barte. Sie verbrennen dein / Heiligtum; sie
entweih'n / und werfen zu Boden die Woh-nung deines Namens. Sie
… sprechen in ihrem Herzen; „Lasst / uns sie plündern!" Sie verbrennen alle Häuser Gottes / im Lande. Unsere … Zeichen sehen
wir nicht, und kein / Prophet predigt mehr, und / keiner ist bei uns,
der weiß, wie / lange. Ach Gott, wie lang … soll der Widersacher
schmäh'n und / der Feind deinen Namen / so gar verlästern? Warum
wen-dest du deine Hand ab? … Ziehe von deinem Schoß dein Rechte und mach ein Ende. / Gott ist ja mein König von al-ters her, der
alle Hilf … tut, die auf Erden geschieht. Du / zertrennest das Meer
durch / deine Kraft und zerbrichst die Köpf / der Drachen im
Wasser. … Du zerschlägst die Köpfe der Wal-fische und gibst sie
zur / Speise dem Volk in der Einö-de. Du lässest quellen … Brunnen
und Bäche; du lässest / versiegen starke Ström. / Tag und Nacht ist
dein; du machst, dass / Sonne und Gestirn ihr'n … gewissen Lauf
haben. Du setz-est einem jeglichen / Lande seine Grenze; Sommer /
und Winter machest du. … So gedenke doch des, dass der / Feind
den HERRN schmäht und ein / töricht Volk lästert deinen Na-men.
Du wollest nicht dem … Tier geben die Seele deiner / Turteltaube,

und der / Herde deiner Elenden doch / nicht so gar vergessen. …
Gedenke an den Bund; denn das / Land ist allenthalben / jämmerlich
verheert, und die Häu-ser sind zerrissen. Lass … den Geringen nicht
mit Schanden / davongehen; lass die / Armen und Elenden rühmen /
deinen Namen. Mach dich … auf, Gott, und führe aus deine / Sache;
gedenke an / die Schmach, die dir täglich von den / Toren
widerfährt. Und … vergiss nicht des Geschreis deiner / Feind; das
Toben deiner / Widersacher wird je länger, / je größer.

75   **Psalm 75**

Nach dem Psalm und Lied Asaphs, dass er nicht umkäme,
vorzusingen.

Wir danken dir, Gott, wir danken / dir und verkündigen / deine
Wunder, dass dein Name / so nahe ist. „Denn zu … seiner Zeit, so
werde ich recht / richten. Das Land zittert / und alle, die darin
wohnen; / aber ich halt seine … Säulen fest." (Zwischenspiel)
Ich sprach zu den Ruhmredigen: / Rühmet nicht so! und zu / den
Gottlosen: Pochet nicht auf / Gewalt! pochet nicht so … hoch auf
eure Gewalt, redet / nicht halsstarrig, es hab' / keine Not, weder
vom Anfang / noch vom Niedergang noch … von dem Gebirge in
der Wüs-te. Denn Gott ist Richter, / der diesen erniedrigt und je-nen
erhöht. Denn der HERR … hat einen Becher in der Hand / und mit
starkem Wein voll / eingeschenkt und schenkt aus demsel-ben; doch
die Gottlosen … müssen alle trinken und die / Hefen aussaufen.
Ich / aber will verkündigen e-wiglich und lobsingen … dem Gott
Jakobs. „Und will alle / Gewalt der Gottlosen / zerbrechen, dass die
Gewalt des / Gerechten erhöht werd'."

Ein Psalmlied Asaphs, auf Saitenspiel, vorzusingen.

Gott ist in Juda bekannt; in / Israel ist sein Nam' / herrlich. Zu Salem ist sein Ge-zelt, und seine Wohnung … zu Zion. Daselbst zerbricht er / die Pfeile des Bogens, / Schild, Schwert und Streit. (Zwischenspiel)
Du bist herrlicher und mächti-ger denn die Raubeberg'. / Die Stolzen müssen beraubt wer-den und entschlafen, und … alle Krieger müssen die Hand / lassen sinken. Ja, von / deinem Schelten, Gott Jakobs, / sinkt in Schlaf Ross und Wagen. … Du bist erschrecklich. Wer kann vor / dir steh'n, wenn du zürnest? / Wenn du das Urteil lässest hör'n / vom Himmel, so erschrickt … das Erdreich und es wird stille, / wenn Gott sich aufmacht zu / richten, dass er helfe al-len Elenden auf Erden. (Zwischenspiel)
Wenn Menschen wider dich wüten, / so legst du Ehre ein; / und wenn sie noch mehr wüten, bist / du auch noch gerüstet. … Gelobet und haltet dem HERRN, / eurem Gott; alle, die / ihr um ihn her seid, bringet Ge-schenke dem Schrecklichen, … der den Fürsten den Mut nimmt und / schrecklich ist unter den / Königen auf Erden.

Ein Psalm Asaphs für Jeduthun, vorzusingen.

Ich schreie mit meiner Stimme / zu Gott; zu Gott schreie / ich, und er erhört mich. In der / Zeit meiner Not suche … ich den Herrn; meine Hand ist des / Nachts ausgereckt und lässt / nicht ab; denn meine Seele will / sich nicht trösten lassen. … Wenn ich betrübt bin, so denke / ich an Gott; wenn mein Herz / in Ängsten ist, so rede ich. (Zwischenspiel)
Meine Augen hältst du, dass sie / wachen; ich bin so ohn-mächtig, dass ich nicht reden kann. / Ich denke der alten … Zeit, und denke

der vorigen / Jahre. Ich denke des / Nachts an mein Saitenspiel und re-de mit meinem Herzen; ... mein Geist muss forschen. Wird denn der / HERR ewig verstoßen / und keine Gnade mehr erzei-gen? Ist's denn ganz und gar ... aus mit seiner Güte, und hat / die Verheißung ein End? / Hat denn Gott vergessen, gnädig / zu sein, hat er seine ... Barmherzigkeit vor Zorn verschlos-sen? (Zwischenspiel)
Aber doch sprach ich: Ich muss das / leiden; die rechte Hand / des Höchsten kann alles ändern. / Darum gedenke ich ... an die Taten des HERRN; ja, ich / gedenke an deine / vorigen Wunder und rede / von all'n deinen Werken ... und sage von deinem Tun. Gott, / dein Weg ist heilig. Wo / ist so ein mächtiger Gott, als / du, Gott, bist? Du bist der ... Gott, der Wunder tut; ja, du hast / deine Macht bewiesen / unter den Völkern. Du hast dein / Volk erlöst mit Macht, die ... Kinder Jakobs und Josephs hast / du erlöst. (Zwischenspiel)
Die Wasser sahen dich, Gott, die / Wasser sahen dich und / ängsteten sich, und die Tiefen / tobten. Dicke Wolken ... gossen Wasser, die Wolken don-nerten, und die Strahlen / fuhren daher. Es donnerte / im Himmel, deine Blitz ... leuchteten auf dem Erdboden; / das Erdreich regte sich / und bebte davon. Dein Weg war / im Meer und dein Pfad in ... großen Wassern, doch man spürte / deinen Fuß nicht. Du führ-test dein Volk wie eine Schafherd / durch Mose und Aaron.

78 (1)   **Psalm 78**

Nach der Unterweisung Asaphs.

Höre, mein Volk, mein Gesetz; nei-get eure Ohren zu / der Rede meines Mundes! Ich / will meinen Mund auftun ... zu Sprüchen und alte Geschich-ten aussprechen, die wir / g'hört hab'n und wissen und unsre / Väter uns erzählt hab'n, ... dass wir's nicht verhalten sollten / ihr'n Kindern, die hernach / kommen, und verkündigten den / Ruhm des HERRN und seine ... Macht und Wunder, die er getan / hat. Er richtete ein / Zeugnis auf in Jakob, gab ein / Gesetz in

Israel, … das er unsern Vätern gebot / zu lehr'n ihre Kinder, / auf dass es die Nachkommen lern-ten und die Kinder, die … noch sollten geboren werden; / wenn sie aufkämen, dass / sie es auch ihren Kindern ver-kündigten, auf dass sie … setzten auf Gott ihre Hoffnung / und nicht vergäßen der / Taten Gottes und seine Ge-bote hielten und nicht … würden wie ihre Väter, ei-ne abtrünnige und / ungehorsame Art, welchen / ihr Herz nicht fest war und … ihr Geist nicht treulich hielt an Gott, / so wie die Kinder von / Ephraim, die geharnischt den / Bogen führten, aber … abfielen zur Zeit des Streits. Sie / hielten den Bund Gottes / nicht und wollten nicht in seinem / Gesetz wandeln und sie … vergaßen seiner Taten und / seiner Wunder, die er / ihnen erzeigt hatte. Vor ih-ren Vätern tat er die … Wunder in Ägyptenland, im / Felde Zoan. Und er / zerteilte das Meer und ließ sie / hindurchgeh'n und stellte … das Wasser wie eine Mauer. / Er leitete sie des / Tag's mit einer Wolke, des Nachts / mit einem hell'n Feuer. … Er riß die Felsen in der Wüs-te und tränkte sie mit / Wasser die Füll und ließ Bäche / aus den Felsen fließen, … dass sie hinabflossen so wie / Wasserströme. Dennoch / sündigten sie weiter wider / ihn und erzürnten den … Höchsten in der Wüste und ver-suchten Gott in ihrem / Herzen, dass sie Speise forder-ten für ihre Seelen, … und redeten wider Gott und / sprachen: „Ja, Gott sollte / wohl können einen Tisch berei-ten in der Wüste? Sieh, … er hat wohl den Felsen geschlag'n, / dass Wasser flossen und / Bäche sich ergossen; aber / wie kann er Brot geben … und seinem Volke Fleisch verschaf-fen?" Da nun das der HERR / hörte, entbrannte er, und Feu-er ging an in Jakob, … und Zorn kam über Israel, / dass sie nicht glaubten an / Gott und hofften nicht auf seine / Hilfe. Und er gebot … den Wolken drob'n und tat auf die / Türen des Himmels und / ließ das Man auf sie regnen, / zu essen, und gab ihnen … Himmelsbrot. Sie aßen Engel-brot; er sandte ihnen / Speise die Fülle. Er ließ we-hen den Ostwind unter … dem Himmel und erregte durch / seine Stärke den Süd-wind und ließ Fleisch auf sie regnen / wie Staub und Vögel wie … Sand am Meere und ließ sie fal-len unter ihr Lager / allenthalben, da sie wohnten. /

Da aßen sie und wurd'n … allzu satt; und er ließ sie ih-re Lust büßen. Da sie / nun ihre Lust gebüßt hatten / und noch davon aßen, … da kam der Zorn Gottes über / sie und erwürgte die / Vornehmsten unter ihnen, schlug / darnieder die Besten … in Israel. Aber über / das alles sündigten / sie noch mehr und glaubten nicht an / seine Wunder. Darum … ließ er sie dahinsterben, dass / sie nichts erlangten und / sie mussten ihr Leben lang ge-plagt sein. Und wenn er sie … erwürgte, dann suchten sie ihn / und kehrten sich zu Gott / und gedachten, dass Gott ihr Hort / ist und Gott der Höchste … ihr Erlöser ist, und heuchel-ten mit ihrem Munde / und logen ihm mit ihrer Zun-ge; aber ihr Herz war … nicht fest an ihm, und hielten nicht / treulich an seinem Bund. / Er aber war barmherzig und / vergab die Missetat … und vertilgte sie nicht und wand-te oft seinen Zorn ab / und ließ nicht seinen ganzen Zorn / gehen. Denn er dachte, … dass sie bloß Fleisch sind, und ein Wind, / der dahinfährt und nicht / wiederkommt. Wie oft erzürnten / sie ihn in der Wüste … und entrüsteten ihn in der / Einöd! Sie versuchten / Gott immer wieder und meister-ten den Heiligen in … Israel. Sie gedachten nicht / an seine Hand des Tag's, / da er sie erlöste von den / Feinden;

78 (2)   **Psalm 78**

Israel gedachte nicht, wie / Gott sie erlöste von / den Feinden, wie er seine Zei-chen dort in Ägypten … getan hatte und seine Wun-der im Lande Zoan; / da er ihr Wasser in Blut wan-delte, dass sie ihre … Bäche nicht trinken konnten; und / da er Ungeziefer / unter sie schickte, das sie fraß, / und die Frösche, die sie … verderbten, und gab ihre Ge-wächse den Raupen und / ihre Saat den Heuschrecken; da / er ihre Weinstöcke … mit Hagel schlug und ihre Maul-beerbäume mit Schlossen; / da er ihr Vieh schlug mit Hagel / und ihre Herden mit … Wetterstrahlen; da er böse / Engel unter sie sandt' / in seinem grimmigen Zorn und / ließ sie tob'n und wüten … und ließ sie Leid tun; da er sei-nen Zorn ließ fortgehen / und ihre

Seele vor dem To-de nicht verschonte und … übergab ihr Leben der Pes-tilenz; da er alle / Erstgeburt in Ägypten schlug, / die Erstlinge ihrer … Kraft in den Hütten Hams, und ließ / sein Volk ausziehen wie / Schafe und führte sie wie ei-ne Herd in der Wüste. … Und leitete sie sicher, dass / sie sich nicht fürchteten; / aber ihre Feinde bedeck-te das Meer. Und er bracht' … sie zu seiner heiligen Gren-ze, zu diesem Berg, den / seine Rechte erworben hat, / und vertrieb vor ihnen … her die Völker und ließ ihnen / das Erbe austeilen / und ließ in jener Hütten die / Stämm Israels wohnen. … Aber sie versuchten und er-zürnten Gott den Höchsten / und hielten ihre Zeugnisse / nicht und fielen zurück … und verachteten alles so / wie ihre Väter und / hielten nicht, gleichwie ein loser / Bogen, und erzürnten … ihn mit ihren Höhen und reiz-ten ihn mit ihr'n Götzen. / Und da das Gott hörte, entbran-nte er und verwarf sie, … er verwarf Israel ganz, dass / er seine Wohnung zu / Silo ließ fahr'n, die Hütt', da er / unter Menschen wohnte, … und gab seine Macht ins Gefäng-nis und seine Herrlich-keit in die Hand des Feindes und / übergab sein Volk ins … Schwert und entbrannte über sein / Erbe. Ihre junge / Mannschaft fraß das Feuer, und ih-re Jungfrauen mussten … ungefreit bleiben. Ihre Pries-ter fielen durchs Schwert, und / waren keine Witwen, die da / weinen sollten. Und der … Herr erwachte wie ein Schlafen-der, wie ein Starker jauchzt, / der vom Wein kommt, und schlug seine / Feinde zurück und hängt … ihnen eine ewige Schand / an. Und er verwarf die / Hütte Josephs und erwählte / nicht den Stamm Ephraim, … sondern erwählte den Stamm Ju-da, den Berg Zion, den / er liebte. Und baute sein Hei-ligtum hoch, wie die Erd, … die ewiglich fest stehen soll. / Und erwählte seinen / Knecht David und nahm ihn von den / Schafställen weg; von den … säugenden Schafen holte er / ihn, auf dass er sein Volk / Jakob weiden sollte und sein / Erbe Israel. Und … er weidete sie auch mit al-ler Treue und regier-te mit allem Fleiß.

Ein Psalm Asaphs.

Gott, es sind Heiden in dein Er-be gefallen; die hab'n / deinen heiligen Tempel ver-unreinigt und hab'n aus … Jerusalem Steinhaufen ge-macht. Sie haben die Leich-name deiner Knechte den Vö-geln zu fressen gegeb'n … und das Fleisch deiner Heiligen / den Tieren im Lande. / Sie haben Blut vergossen um / Jerusalem her wie … Wasser; und war niemand, der be-grub. Wir sind unsern Nach-barn eine Schmach geworden, ein / Spott und Hohn denen, die … um uns sind. HERR, wie lange willst / du so gar zürnen und / deinen Eifer wie Feuer bren-nen lassen? Schütt deinen … Grimm auf die Heiden, die dich nicht / kennen, und auch auf die / Königreiche, die deinen Na-men nicht anrufen. Denn … sie hab'n Jakob aufgefressen / und seine Häuser ver-wüstet. Gedenk nicht unsrer vor-igen Missetaten; …erbarme dich unser bald, denn / wir sind sehr dünn geword'n. / Hilf du uns, Gott, unser Helfer, / um deines Namens Ehr; … errett uns und vergib uns un-sre Sünden um deines / Namens willen! Warum lässest / du die Heiden sagen: … „Wo ist nun ihr Gott?" Lass unter / den Heiden vor unsern / Augen kund werden die Rache / des Bluts deiner Knechte, … das vergossen ist. Lass vor dich / kommen das Seufzen der / Gefangenen; nach deinem gro-ßen Arm erhalte die … Kinder des Todes und vergilt / unsern Nachbarn sieben-fältig in ihren Busen ihr / Schmähen, damit sie dich, … Herr, geschmäht haben. Wir aber, / dein Volk und Schaf deiner / Weide, werden dir danken e-wiglich und verkünden … deinen Ruhm für und für.

Nach dem Psalm und Zeugnis Asaphs, von den Rosen, vorzusingen.

Du Hirte Israels, höre, / der du Joseph hütest / wie Schafe; und erscheine, der / du sitzest über den … Cherubim! Und erwecke deine Gewalt, der du vor / Ephraim, Benjamin und Ma-nasse bist, komm zur Hilf! … Gott, tröste uns und lass leuchten / dein Antlitz; so werd'n wir / genesen. HERR, Gott Zebaoth, / wie lang willst du zürnen … bei dem Gebet deines Volks? Du / speisest sie mit Tränenbrot und tränkest sie mit großem / Maß voll Tränen. Und du … setzest uns unsern Nachbarn zum / Zank, und unsre Feinde / spotten unser. Gott Zebaoth, / tröste uns, lass leuchten … dein Antlitz; so genesen wir. / Du hast einen Weinstock / aus Ägypten geholt und hast / vertrieben die Heiden … und denselben gepflanzt. Du hast / vor ihm die Bahn gemacht / und hast ihn lassen einwurzeln, / dass er das Land erfüllt. … Berg sind mit seinem Schatten be-deckt und mit seinen Reb'n / die Zedern Gottes. Du hast sein / Gewächs ausgebreitet … bis an das Meer und seine Zweig / bis an den Strom. Warum / hast du seinen Zaun zerbrochen, / dass ihn zerreißt alles, … was vorübergeht? Es haben / ihn zerwühlt die wilden / Säue, und die wilden Tiere / haben ihn verderbt. Gott … Zebaoth, wende dich doch, schau-e vom Himmel und sieh / an und suche heim diesen Wein-stock und halt ihn im Bau, … den deine Rechte gepflanzt hat / und den du dir fest er-wählt hast. Siehe drein und schilt, dass / des Brennens und Reißens … ein Ende werde. Deine Hand / schütze das Volk deiner / Rechten und die Leute, die du / dir fest erwählt hast; so … wollen wir nicht von dir weichen. / Lass uns leben, so woll'n / wir deinen Namen anrufen. / HERR, Gott Zebaoth, tröst, … tröste uns, lass dein Antlitz leuch-ten; so genesen wir.

Auf der Gittith, vorzusingen, Asaphs.

Singet fröhlich Gott, der unsre / Stärke ist; jauchzet dem / Gott Jakobs! Hebet an mit Psal-men und gebet her die … Pauken, liebliche Harfen mit / Psaltern! Blaset im Neu-mond die Posaune, in unserm / Fest der Laubhütten! Denn … solches ist eine Weise in / Israel und ein Recht / des Gottes Jakobs. Solches hat / er zum Zeugnis gesetzt …unter Joseph, da sie aus Ä-gyptenland zogen und / fremde Sprache gehört hatten, / da ich ihre Schulter … von der Last entledigt hatte / und ihre Hände der / Körbe los wurden. Da du mich / in der Not anriefest, … half ich dir aus; ich erhörte / dich, da dich das Wetter / überfiel, und versuchte dich / dort am Haderwasser. (Zwischenspiel)
Höre, mein Volk, ich will unter / dir zeugen; Israel, / du sollst mich hören, dass unter / dir kein and'rer Gott sei … und du keinen fremden Gott an-betest. Ich bin der HERR, / dein Gott, der dich aus Ägypten-land geführt hat: Tue … deinen Mund weit auf, lass mich ihn / füllen! Aber mein Volk / gehorcht nicht meiner Stimme, und / Israel will mich nicht. … So hab ich sie gelassen in / ihres Herzens Dünkel, / dass sie wandeln nach ihrem Rat. / Doch wollte mein Volk mir …gehorsam sein und Israel / auf meinem Wege geh'n, / so wollte ich ihre Feinde / bald dämpfen und meine … Hand über ihre Widersach-er wenden, und denen, / die den HERRN hassen, müsste es / wider sie fehlen; und … ihre Zeit aber würde e-wiglich währen, und ich / würde sie mit dem besten Wei-zen speisen und auch mit … Honig aus dem Felsen sätti-gen.

82   Psalm 82

Nach dem Psalm Asaphs.

Gott steht in der Gemeinde Got-tes und ist ein Richter / unter den Göttern. Wie lange / wollt ihr unrecht richten … und die Person der Gottlosen / vorziehen? (Zwischenspiel)
Schaffet Recht dem Armen und dem / Waisen und helfet dem / Elenden und Dürftigen zum / Recht. Und errettet den … Geringen und den Armen und / erlöset ihn aus der / Gottlosen Gewalt. Aber sie / lassen sich nicht sagen … und achten's nicht; sie gehen im-mer hin im Finstern; und / darum müssen alle Grundfes-ten des Landes wanken. … Ich habe wohl gesagt: „Ihr seid / Götter und allzumal / Kinder des Höchsten"; doch ihr wer-det sterben wie Menschen … und wie ein Tyrann zugrunde / geh'n. Gott, mach dich auf und / richt den Erdbod'n; denn du bist Erb-herr über alle Heid'n!

83   Psalm 83

Nach dem Psalmlied Asaphs.

Gott, schweige doch nicht also und / sei doch nicht so still; Gott, / halt doch nicht so inne! Denn sie-he, deine Feinde tob'n, … und die dich hassen, richten den / Kopf auf. Sie machen lis-tige Anschläge wider dein Volk und ratschlag'n wider … deine Verborgenen. „Wohl her!" / sprechen sie; „lasset uns / sie ausrotten, dass sie kein Volk / seien, dass des Namens … Israel nicht mehr gedacht werd!" / Denn sie haben sich mit-einander vereinigt und ei-nen Bund wider dich g'macht, … die Hütten der Edomiter / und Ismaeliter, / der Moabiter, Hagari-ter, der Gebaliter, … Ammoniter und Amale-kiter, die Philister / samt denen zu Tyrus; Assur / hat sich auch zu ihnen … geschlagen; sie helfen den Kin-dern Lot. (Zwischenspiel)
Tu ihnen, wie den Midia-nitern, wie Sisera, / wie Jabin am Bach Kison, die / vertilgt wurd'n bei Endor … und wurden zu Kot auf der

Erd. / Mache ihre Fürsten / wie Oreb und Seeb, alle / ihre Obersten wie … Sebah und Zalmuna, die da / sagen: Wir wollen die / Häuser Gottes einnehmen. Gott, / mache sie wie einen … Wirbel, wie Stoppeln vor dem Wind. / Wie ein Feuer den Wald / verbrennt und wie eine Flamme / die Berge anzündet: … also verfolge sie mit deinem Wetter und erschreck / sie mit deinem Ungewitter. / Mache ihr Angesicht … voll Schande, dass sie nach deinem / Namen fragen müssen, / o HERR. Schämen müssen sie sich, / erschrecken auf immer … und zu Schanden werden und um-kommen; so werden sie / erkennen, dass du mit deinem / Namen heißt HERR allein … und der Höchste in aller Welt.

84   Psalm 84

Nach dem Psalm der Kinder Korah, auf der Gittith, vorzusingen.

Wie lieblich sind deine Wohnun-gen, HERR Zebaoth! Ja, / meine Seele verlangt und sehnt / sich nach den Vorhöfen … des HERRN; mein Leib und meine See-le freuen sich in dem / lebendigen Gott. Denn der Vo-gel hat ein Haus g'funden … und die Schwalbe ihr Nest, da sie / Junge hecken: deine / Altäre, HERR Zebaoth, mein / König und mein Gott. Wohl … denen, die in deinem Hause / wohnen; die loben dich / immerdar. (Zwischenspiel)
Wohl den Menschen, die dich für ih-re Stärke halten und / von Herzen dir nachwandeln, die / durch das Jammertal geh'n … und machen daselbst Brunnen; und / die Lehrer werden mit / viel Segen geschmückt. Sie erhal-ten einen Sieg nach dem … andern, dass man seh'n muss, der rech-te Gott sei zu Zion. / HERR, Gott Zebaoth, hör mein Ge-bet; vernimm's, Gott Jakobs! (Zwischenspiel)
Gott, unser Schild, schaue doch; sieh / an das Antlitz deines / Gesalbten! Denn ein Tag in dei-nen Vorhöfen ist ja … besser denn sonst tausend; ich will / lieber der Tür hüten / in meines Gottes Haus denn woh-nen in der Gottlosen … Hütten. Denn Gott der HERR ist Sonn / und Schild; der HERR gibt Gnad / und Ehre: er wird kein

Gut's man-geln lassen den Frommen. ... HERR Zebaoth, wohl dem
Menschen, / der sich auf dich verlässt!

85   **Psalm 85**

Nach dem Psalm der Kinder Korah, vorzusingen.

HERR, der du bist vormals gnädig / gewesen deinem Land / und
hast die Gefangenen Ja-kobs erlöst; der du die ... Missetat vormals
vergeben / hast deinem Volk und all / ihre Sünde bedeckt
(Zwischenspiel);
der du vormals hast allen dei-nen Zorn aufgehoben / und dich
gewendet von dem Grimm / deines Zorns: tröste uns, ... Gott, unser
Heiland, und lass ab / von deiner Ungnade / über uns! Willst du
denn ewig-lich über uns zürnen ... und deinen Zorn gehen lassen /
für und für? Willst du uns / denn nicht wieder erquicken, dass / sich
dein Volk über dich ... freuen möge? HERR, erzeige / uns deine
Gnad und hilf / uns! Ach, dass ich hören sollte, / was Gott der
HERR redet; ... dass er Frieden zusagte sei'm / Volk und seinen
Heil'gen, / auf dass sie nicht auf eine Tor-heit geraten! Doch ist ...
ja seine Hilfe nahe de-nen, die ihn fürchten, dass / in unserm Lande
Ehre woh-ne; dass Güte und Treu ... einander begegnen, Gerechtigkeit und Friede sich / küssen; und dass Treue auf der / Erde
wachse und die ... Gerechtigkeit vom Himmel schau-e; dass uns
auch der HERR / Gutes tue und unser Land / sein Gewächs gebe;
dass ... Gerechtigkeit weiter vor ihm / bleibe und im Schwang geh.

86   **Psalm 86**

Nach dem Gebet Davids.

HERR, neige deine Ohren und / erhöre mich; denn ich / bin elend
und arm. Bewahre / meine Seele; denn ich ... bin heilig. Hilf du,

mein Gott, dei-nem Knechte, der sich ver-lässt auf dich. Herr, sei mir gnädig; / denn ich rufe täglich … zu dir! Erfreue die Seele / deines Knechts; denn nach dir, / Herr, verlangt mich. Denn du, Herr, bist / gut und gnädig, und bist … von großer Güte allen, die / dich anrufen. Vernimm, / HERR, mein Gebet und merke auf / die Stimme meines Fleh'ns. … In der Not rufe ich dich an; / du woll'st mich erhören. / Herr, dir ist keiner gleich unter / den Göttern, und es ist … niemand, der tun kann wie du. Al-le Heiden die du ge-macht hast, werden kommen und vor / dir anbeten, Herr, und … deinen Namen ehren, dass du / so groß bist und Wunder / tust und allein Gott bist. Weise / mir, HERR, deinen Weg, dass … ich wandle in deiner Wahrheit; / erhalte mein Herz bei / dem einen, dass ich deinen Na-men fürchte. Ich dank dir, … Herr, mein Gott, von ganzem Herzen / und ehre deinen Nam / ewiglich. Denn deine Güte / ist groß über mich; du … hast meine Seele errettet / aus der tiefen Hölle. / Gott, es setzen sich die Stolzen / wider mich, und der Hauf … der Gewalttätigen steht mir / nach meiner Seele, und / haben dich nicht vor Augen. Du / aber, Herr, Gott, bist barm-herzig und gnädig, geduldig / und von großer Güte / und Treue. Wende dich zu mir, / sei mir gnädig; stärke … deinen Knecht mit deiner Kraft und / hilf dem Sohn deiner Magd! / Tu ein Zeichen an mir, dass mir's / wohl gehe, dass es seh'n, … die mich hassen, und sich schämen / müssen, dass du mir bei-stehst, HERR, und tröstest mich.

87   **Psalm 87**

Ein Psalmlied der Kinder Korah.

Sie ist fest gegründet auf den / heiligen Bergen. Der / HERR liebt die Tore Zions ü-ber alle Wohnungen … Jakobs. Herrliche Dinge wer-den in dir gepredigt, / du Stadt Gottes. (Zwischenspiel)
Ich will predigen lassen Ra-hab und Babel, dass sie / mich kennen sollen. Siehe, die / Philister und Tyrer … samt den Mohren werden daselbst / geboren. Man wird zu / Zion sagen, dass allerlei / Leute

darin gebor'n ... werden und dass er, der Höchste, / sie baue. Der
HERR wird / zählen, wenn er aufschreibt die Völ-ker: „Diese sind
daselbst ... geboren." (Zwischenspiel)
Und die Sänger wie die im Rei-gen werden alle in / dir singen, eins
ums andere.

88   **Psalm 88**

Ein Psalmlied der Kinder Korah, vorzusingen, von der Schwachheit
der Elenden. Eine Unterweisung Hemans, des Esrahiten.

HERR, Gott, mein Heiland, ich schreie / Tag und Nacht vor dir.
Lass / mein Gebet vor dich kommen; neig / deine Ohr'n zu meinem
... Geschrei. Denn meine Seele ist / voll Jammers, und mein Leb'n /
ist nahe am Tode. Ich bin / geachtet gleich denen, ... die in die
Grube fahren; ich / bin ein Mann, der keine / Hilfe hat. Ich liege
unter / den Toten verlassen ... wie die Erschlagenen, die im / Grabe
liegen, deren / du nicht mehr gedenkst, die von dei-ner Hand
abg'sondert sind. ... Du hast mich in die Grube hi-nuntergelegt, in
die / Finsternis und in die Tiefe. / Dein Grimm drückt mich; du
drängst ... mich mit allen deinen Fluten. (Zwischenspiel)
Meine Freunde hast du ferne / von mir getan; du hast / mich ihnen
zum Greuel gemacht. / Ich liege gefangen ... und kann nicht
herauskommen. Mei-ne Gestalt ist jämmer-lich vor Elend. HERR,
ich rufe / dich an täglich; ich breit ... meine Hände aus zu dir.
Wirst / du denn unter den To-ten Wunder tun, oder werden / die
Verstorbenen auf-stehen und dir danken? (Zwischenspiel)
Wird man in Gräbern erzählen / deine Güte, und dei-ne Treue im
Verderben? Mö-gen denn deine Wunder ... in der Finsternis erkannt
werd'n / oder deine Gerech-tigkeit in dem Lande, da man / nichts
gedenkt? Aber ich ... schreie zu dir, HERR, und mein Ge-bet
kommt frühe vor dich. / Warum verstößest du, HERR, mei-ne Seele
und verbirgst ... dein Antlitz vor mir? Ich bin e-lend und
ohnmächtig, dass / ich so verstoßen bin; ich leid / deine Schrecken,

dass ich … schier verzage. Dein Grimm geht ü-ber mich; dein Schrecken drückt / mich. Sie umgeben mich täglich / wie Wasser, umringen … mich miteinander. Du machst, dass / meine Freund und Nächsten / und meine Verwandten sich fern / von mir halten um solch's … Elends willen.

89   Psalm 89

Eine Unterweisung Ethans, des Esrahiten.

Ich will singen von der Gnad des / HERRN ewiglich und sein / Wahrheit verkündigen mit mei-nem Munde für und für … und sage also: Dass eine / ewige Gnade wird / aufgehen, und du wirst deine / Wahrheit treulich halten … im Himmel. „Ich habe einen / Bund gemacht mit meinem / Auserwählten; ich habe Da-vid, meinem Knechte, ge-schworen: Ich will deinen Samen / bestätigen ewig / und ich will deinen Stuhl bauen / für und für, ewiglich." (Zwischenspiel)
Und die Himmel werden, HERR, dei-ne Wunder preisen und / deine Wahrheit in der Gemein-de der Heiligen. Denn / wer mag in den Wolken dem HERRN / gleich gelten, und gleich sein / unter den Kindern Gottes dem / HERRN? Gott ist sehr mächtig … in der Versammlung der Heili-gen und ist wunderbar / über alle, die um ihn sind. / HERR, Gott Zebaoth, wer … ist wie du ein mächtiger Gott? / Und deine Wahrheit ist / um dich her. Du herrschest über / das ungestüme Meer; … du stillest seine Wellen, wenn / sie sich erheben. Du / schlägst Rahab zu Tod; du zerstreust / deine Feind mit deinem … starken Arm. Himmel und Erde / ist dein; du hast gegründ't / den Erdboden und was darin-nen ist. Mitternacht und … Mittag hast du geschaffen; Tha-bor und Hermon jauchzen / in deinem Namen. Du hast ei-nen gewaltigen Arm; … stark ist deine Hand, und hoch ist / deine Rechte. Gerech-tigkeit und Gericht ist deines / Stuhles Festung; Gnade … und Wahrheit sind vor deinem An-gesicht. Wohl dem Volk, das / jauchzen kann! HERR, sie

werden im / Licht deines Antlitzes ... wandeln; sie werd'n über deinen / Namen täglich fröhlich / sein und in deiner Gerechtig-keit herrlich sein. Denn du ... bist der Ruhm ihrer Stärke, und / durch deine Gnade wirst / du unser Horn erhöhen. Denn / des HERRN ist unser Schild, ... und des Heiligen in Isra-el ist unser König. / Dazumal redetest du im / Gesicht zu dei'm Heil'gen ... und du sprachst: „Ich habe einen / Helden erweckt, der hel-fen soll; und ich habe erhöht / einen Auserwählten ... aus dem Volk. Ich habe gefun-den meinen Knecht David; / ich habe ihn gesalbt mit mei-nem heiligen Öl. Und … meine Hand soll ihn erhalten, / mein Arm soll ihn stärken. / Die Feinde sollen ihn nicht ü-berwältigen, und die … Ungerechten sollen ihn nicht / dämpfen; sondern ich will / seine Widersacher schlagen / vor ihm her, und die ihn … hassen, will ich plagen; aber / meine Wahrheit und Gnad / soll bei ihm sein, und sein Horn soll / in mei'm Nam erhob'n werd'n. … Ich will seine Hand über das / Meer stellen und seine / Rechte über die Wasser. Er / wird mich nennen also: … Du bist mein Vater, mein Gott und / Hort, der mir hilft. Und ich / will ihn zum ersten Sohn machen, / allerhöchst unter den … Königen auf Erden. Ich will / ihm ewiglich bewahr'n / meine Gnade, und mein Bund soll / ihm fest bleiben. Ich will … ihm ewiglich Samen geben / und seinen Stuhl, solang / der Himmel währt, erhalten. Wo a-ber seine Kinder … mein Gesetz verlassen und sie / in meinen Rechten nicht / wandeln, so sie meine Ordnun-gen entheiligen und … meine Gebote nicht halten, / so will ich ihre Sünd / mit der Rute heimsuchen und / ihre Missetat mit … Plagen; aber meine Gnad will / ich nicht von ihm wenden / und meine Wahrheit nicht lassen / trügen. Ich will meinen … Bund nicht entheiligen, und nicht / ändern, was aus meinem / Munde gegangen ist. Ich ha-be *einmal* geschworen … bei meiner Heiligkeit, – ich will / David nicht lügen –: Sein / Same soll ewig sein und sein / Stuhl vor mir wie die Sonn; … wie der Mond soll er ewiglich / erhalten sein, und gleich / wie der Zeuge dort in den Wol-ken soll er gewiss sein.“ (Zwischenspiel)

Aber nun verstößest du und / verwirfst und zürnest mit / deinem Gesalbten. Du zerstörst / den Bund deines Knechtes … und trittst seine Krone zu Bod'n. / Du zerreißest all seine / Mauern und lässest seine Fes-ten zerbrechen. Und es … berauben ihn alle, die vor-übergehen; er ist / seinen Nachbarn ein Spott gewor-den. Du erhöhest die … Rechte seiner Widersacher / und erfreuest alle / seine Feinde. Auch hast du die / Kraft seines Schwerts genomm'n … und lässest ihn nicht siegen im / Streit. Du zerstörst seine / Reinigkeit und wirfst seinen Stuhl / zu Boden. Du verkürzt … die Zeit seiner Jugend und be-deckest ihn mit Hohn. (Zwischenspiel) HERR, wie lange willst du dich so / gar verbergen und dein'n / Grimm wie Feuer brennen lassen? / Gedenke, wie kurz mein … Leben ist. Warum willst du al-le Menschen umsonst ge-schaffen haben? Wo ist jemand, / der da lebt und den Tod … nicht sähe? der seine Seele / errette aus des To-des Hand? (Zwischenspiel) Herr, wo ist deine vorige / Gnade, die du David / geschworen hast in deiner Wahr-heit? Gedenke, Herr, an … die Schmach deiner Knechte, die ich / trage in meinem Schoß / von so vielen Völkern allen, / mit der, HERR, deine Feind … schmähen, mit der sie schmähen die / Fußtapfen deines Ge-salbten. Gelobt sei der HERR e-wiglich! Amen, amen.

90   **Psalm 90**

Ein Gebet Mose's, des Mannes Gottes.

Herr, Gott, du bist unsre Zuflucht / für und für. Ehe denn / die Berge wurden und die Er-de und die Welt g'schaffen … wurden, bist du, Gott, von Ewig-keit zu Ewigkeit, der / du die Menschen lässest sterben / und sprichst: Kommet wieder, … Menschenkinder! Denn tausend Jah-re sind vor dir wie der / Tag, der gestern vergangen ist, / und wie eine Nachtwach. … Du lässest sie dahinfahren / wie einen Strom; sie sind / wie ein Schlaf, gleichwie ein Gras, das / doch bald welk wird, das da … frühe blüht und bald welk wird und / des

Abends abgehau'n / wird und verdorrt. Das macht dein Zorn, / dass wir so vergehen, … dein Grimm, dass wir so plötzlich dahinmüssen. Denn unsre / Missetaten stellst du vor dich, / unsre unerkannte … Sünde ins Licht vor deinem An-gesicht. Darum fahren / alle unsre Tage dahin / durch deinen Zorn; und wir … bringen unsre Jahre zu wie / ein Geschwätz. Unser Leb'n / währet siebzig Jahre, und wenn's / hoch kommt, so sind's achtzig … Jahre, und wenn's köstlich gewe-sen ist, so ist es Müh / und Arbeit gewesen; denn es / fährt schnell dahin, als ob … wir davon flögen. Wer glaubt a-ber, dass du so sehr zürnst, / und wer fürchtet sich vor solchem / deinem Grimm? Lehre uns … bedenken, dass wir sterben müs-sen, auf dass wir klug werd'n. / HERR, kehre doch wieder zu uns / und sei deinen Knechten … gnädig! Fülle uns frühe mit / deiner Gnade, so woll'n / wir rühmen und fröhlich sein un-ser Leben lang. Erfreu … uns nun wieder, nachdem du uns / so lange plagest, nach-dem wir so lange Unglück lei-den. Zeig deinen Knechten … deine Werke und deine Eh-re ihren Kindern. Und / der HERR, unser Gott, sei uns freund-lich und fördere das … Werk unsrer Hände bei uns; ja, / das Werk unsrer Hände / wolle er fördern!

91   **Psalm 91**

Wer unterm Schirm des Höchsten sitzt / und unterm Schatten des / Allmächtigen bleibt, der spricht zum / HERRN: Meine Zuversicht …und meine Burg, mein Gott, auf den / ich hoffe. Denn er er-rettet dich vom Strick des Jägers / und von der schädlichen … Pestilenz. Er wird dich mit sei-nen Fittichen decken, / und deine Zuversicht wird sein / unter seinen Flügeln. … Seine Wahrheit ist Schirm und Schild, / dass du nicht erschrecken / müssest vor dem Grauen der Nacht, / vor den Pfeilen, die des … Tages fliegen, vor der Pesti-lenz, die im Finstern schleicht, / vor der Seuche, die im Mit-tage verderbt. Ob tausend …fallen zu deiner Seite und / zehntausend zu deiner /

Rechten, so wird es doch dich nicht / treffen. Ja du wirst mit … deinen Aug’n deine Lust seh’n und / schau’n, wie den Gottlosen / vergolten wird. Denn der HERR ist / deine Zuversicht; der … Höchste ist deine Zuflucht. Es / wird dir kein Übel be-gegnen, und keine Plage wird / zu deiner Hütt sich nah’n. … Denn er hat seinen Engeln be-fohlen über dir, dass / sie dich behüten auf allen / deinen Wegen, dass sie … dich auf Händen trag’n und du dei-nen Fuß nicht an einen / Stein stoßest. Auf Löwen und Ot-tern wirst du gehen, und … treten auf junge Löwen und / Drachen. „Er begehrt mein, / so will ich ihm aushelfen; er / kennt meinen Namen, d’rum … will ich ihn schützen. Er ruft mich / an, so will ich ihn auch / erhören; ich bin bei ihm in / der Not; und ich will ihn … herausreißen und zu Ehren / bringen. Und ich will ihn / sättigen mit langem Leben / und will ihm zeig’n mein Heil.“

92   **Psalm 92**

Ein Psalmlied auf den Sabbattag.

Das ist ein köstlich Ding, dem HERRN / danken, und lobsingen / deinem Namen, du Höchster, des / Morgens deine Gnade … und des Nachts deine Wahrheit ver-kündigen auf den zehn / Saiten und Psalter, mit Spielen / auf der Harfe. Denn, HERR, … du lässest mich fröhlich singen / von deinen Werken, und / ich rühme die Geschäfte dei-ner Hände. HERR, wie sind … deine Werke so groß! Deine / Gedanken sind so sehr / tief. Ein Törichter glaubt das nicht, / und ein Narr acht solches, … er achtet’s nicht. Die Gottlosen / grünen wie das Gras, und / die Übeltäter blühen al-le, bis sie vertilgt werd’n … immer und ewiglich. Aber / du, HERR, bist der Höchste / und bleibest ewiglich. Denn sie-he, deine Feinde, HERR, … siehe, deine Feinde werden / umkommen; und alle / Übeltäter müssen zerstreut / werden. Aber mein Horn … wird erhöht werden wie eines / Einhorns, und ich werde / gesalbt mit frischem Öl. Und mein / Auge wird seine Lust … sehen an meinen Feinden; und /

mein Ohr wird seine Lust / hören an den Boshaften, die / sich wider mich setzen. … Der Gerechte wird grünen wie / ein Palmbaum; und er wird / wachsen wie eine Zeder dort / auf dem Libanon. Die … gepflanzt sind in dem Hause des / HERRN, werden in den Vorhöfen unsers Gottes grünen. / Und wenn sie gleich alt werd'n, … werden sie dennoch blühen, frucht-bar und frisch sein, dass sie / verkündigen, dass der HERR so / fromm ist, mein Hort, und ist … kein Unrecht an ihm.

93   Psalm 93

Der HERR ist König und herrlich / geschmückt; der HERR ist ge-schmückt und hat ein Reich angefan-gen, soweit die Welt ist, … und zugerichtet, dass es blei-ben soll. Von Anbeginn / steht dein Stuhl fest; du bist ewig. / HERR, die Wasserströme … erheben sich, die Wasserströ-me erheb'n ihr Brausen, / die Wasserströme heben em-por die Wellen. Und die … Wasserwogen im Meer sind groß / und brausen mächtig; der / HERR aber ist noch größer in / der Höhe. Dein Wort ist … eine rechte Lehre. Heilig-keit ist die Zierd deines / Hauses, o HERR, ewiglich.

94   Psalm 94

HERR, Gott, des die Rache ist, Gott, / des die Rache ist, er-scheine! Erhebe dich, du Rich-ter der Welt; vergilt den … Hoffärtigen, was sie verdie-nen! HERR, wie lange soll'n / die Gottlosen, wie lange sol-len die Gottlosen prahl'n … und so trotzig reden, und al-le Übeltäter sich / so rühmen? HERR, sie zerschlagen / dein Volk und plag'n dein Erb; … Witwen und Fremdlinge erwür-gen sie und töten die / Waisen und sagen: „Der HERR sieht's / nicht, und der Gott Jakobs … achtet's nicht." Merket doch, ihr Nar-ren unter dem Volk! Und / ihr Toren, wann wollt ihr klug wer-den? Der das Ohr gepflanzt … hat, sollte der nicht hören? Der / das Auge gemacht hat,

/ sollte der nicht sehen? Der die / Heiden züchtigt, sollte … der nicht strafen, – der die Menschen / lehret, was sie wissen? / Aber der HERR weiß die Gedan-ken der Menschen, dass sie … eitel sind. Wohl dem, den du, HERR, / züchtigst und lehrst ihn durch / dein Gesetz, dass er Geduld ha-be, wenn's übel geht, bis … dem Gottlosen die Grube be-reitet werde! Denn der / HERR wird sein Volk nicht verstoßen / noch sein Erb verlassen. … Denn Recht muss doch Recht bleiben, und / dem werd'n alle frommen / Herzen zufall'n. Wer steht bei mir / wider die Boshaften? … Wer tritt zu mir wider die Ü-beltäter? Wo der HERR / mir nicht hülfe, so läge mei-ne Seele schier in der … Stille. Ich sprach: Mein Fuß hat ge-strauchelt; aber deine / Gnade, HERR, hielt mich. Ich hatte / viel Bekümmernisse … in mei'm Herzen; aber deine / Tröstungen ergötzten / meine Seel. Du wirst ja nimmer / eins mit dem schädlichen … Stuhl, der das Gesetz übel deu-tet. Sie rüsten sich hier / wider die Seele des Gerech-ten und verdammen das … unschuldig Blut. Aber der HERR, / er ist mein Schutz; mein Gott / ist der Hort meiner Zuversicht. / Und er wird ihnen ihr … Unrecht vergelten und wird sie / um ihre Bosheit ver-tilgen; der HERR, unser Gott, wird / sie vertilgen.

95   Psalm 95

Kommt herzu, lasst uns dem HERRN froh-locken und jauchzen dem / Hort unsers Heils! Lasset uns mit / Danken vor sein Ang'sicht …kommen und mit Psalmen ihm jauch-zen! Denn der HERR ist ein / großer Gott und ist ein großer / König über alle … Götter. Denn in seiner Hand ist, / was unten in der Erd / ist; und die Höhen der Berge / sind auch sein. Denn sein ist … das Meer, und er hat's gemacht; und / seine Hände haben / das Trockene bereitet. Kommt, / lasst uns anbeten und … knien und niederfallen vor / dem HERRN, der uns gemacht / hat. Denn er ist unser Gott und / wir das Volk seiner Weid … und Schafe seiner Hand. Heute, / so ihr seine Stimm hört, / so verstocket euer Herz nicht, / wie zu Meriba g'schah, … wie zu Massa in der Wüste, / da mich eure Väter / versuchten, mich prüften und sa-hen mein Werk. Vierzig Jahr … hatte ich Mühe mit diesem / Volk und sprach: Es sind Leut, / deren Herz immer den Irrweg / will und die meine Weg … nicht lernen wollen; dass ich schwur / in meinem Zorn: Sie soll'n / nicht zu meiner Ruhe kommen.

96   Psalm 96

Singet dem HERRN ein neues Lied; / singet dem HERRN alle / Welt! Singet dem HERRN und lobt sei-nen Namen; verkündigt … von Tag zu Tage sein Heil! Er-zählet unter den Heid'n / seine Ehre, unter allen / Völkern seine Wunder. … Denn der HERR ist groß und hoch zu / lob'n, wunderbar über / alle Götter. Denn alle Göt-ter der Völker, sie sind … Götzen; aber der HERR hat den / Himmel gemacht. Es steht / herrlich und prächtig vor ihm und / gehet gewaltig und … löblich zu in seinem Heilig-tum. Ihr Völker, bringet / her dem HERRN, bringet her dem HERRN / Ehre und Macht. Bringet … her dem HERRN die Ehre seines / Namens; bringet Geschenk / und kommt in seine Vorhöfe! / Betet an den HERRN in … heiligem Schmuck; es fürchte ihn / alle Welt! Ja, saget / unter den Heiden, dass der HERR / König sei und habe … sein Reich, soweit die Welt ist, be-reitet, dass es bleib'n soll, / und richtet die Völker recht. Der / Himmel freue sich, und … die Erde sei fröhlich; das Meer / brause und was d'rin ist; / das Feld sei fröhlich und alles, / was darauf ist; und lasst … rühmen alle Bäume im Wald / vor dem HERRN; denn er kommt, / denn er kommt, zu richten das Erd-reich. Er wird den Erdbod'n … richten mit Gerechtigkeit und / die Völker mit seiner / Wahrheit.

Der HERR ist König; des freue / sich das Erdreich und es / seien fröhlich die Inseln, so-viel ihrer sind. Wolken … und Dunkel ist um ihn her; Ge-rechtigkeit und Gericht / ist seines Stuhles Festung. Feu-er geht vor ihm her und … zündet an umher seine Feind. / Seine Blitze leuchten / auf den Erdboden; das Erdreich / siehet's und erschricket. … Berge zerschmelzen wie Wachs vor / dem HERRN, vor dem Herrscher / des ganzen Erdbodens. Die Him-mel verkündig'n seine … Gerechtigkeit, und alle Völ-ker sehen seine Ehr. / Schämen müssen sich alle, die / den Bildern dienen und … sich der Götzen rühmen. Betet / ihn an, alle Götter! / Zion hört es und ist froh; und / die Töchter Juda's sind … fröhlich, HERR, über dein Regi-ment. Denn du, HERR, bist der / Höchste in allen Landen; du / bist hoch erhöht über … alle Götter. Die ihr den HERRN / liebet, hasset das Arg! / Der HERR bewahret die Seelen / seiner Heiligen; von … der Gottlosen Hand wird er sie / retten. Dem Gerechten / muss das Licht immer wieder auf-gehen und Freude den … frommen Herzen. Ihr Gerechten / freuet euch des HERRN und / danket ihm und preiset seine / Heiligkeit!

Nach Psalm 98.

Singet dem HERRN ein neues Lied; / denn er tut Wunder. Er / siegt mit seiner Rechten und mit / seinem heiligen Arm. … Der HERR lässt sein Heil verkündi-gen; vor den Völkern lässt / er seine Gerechtigkeit of-fenbaren. Er gedenkt … an seine Gnade und Wahrheit / dem Hause Israel; / aller Welt Enden sehen das / Heil unsers Gottes. Jauchzt … dem HERRN, alle Welt; singet, rüh-met und lobet! Lobet / den HERRN mit Harfen, mit Harfen / und Psalmen! Lobet mit …Drommeten und Posaunen jauchzt / vor dem

HERRN, dem König! / Das Meer brause und was darin-nen ist, der Erdboden … und die darauf wohnen. Die Was-serströme frohlocken, / und alle Berge seien fröh-lich vor dem HERRN; denn er … kommt das Erdreich zu richten. Er / wird den Erdbod'n richten / mit Gerechtigkeit und die Völ-ker mit Recht.

99   Psalm 99

Der HERR ist König, darum zit-tern die Völker; er sitzt / auf den Cherubim, darum bebt / die Welt. Der HERR ist groß … zu Zion und hoch über al-le Völker. Man danke / deinem großen und wunderbar'n / Nam'n, der da heilig ist. … Im Reich dieses Königs hat man / das Recht lieb. Du gibst Fröm-migkeit, du schaffst Gericht und Ge-rechtigkeit in Jakob. … Erhebt den HERRN, unsern Gott, be-tet an zu seinem Fuß-schemel; denn er ist heilig. Mo-se und Aaron unter … seinen Priestern und Samuel / unter denen, die sein'n / Namen anrufen, sie riefen / an den HERRN, und er er-hörte sie. Er redete mit / ihnen durch eine Wol-kensäule; sie hielten seine / Zeugnisse und Gebot, … die er ihnen gab. HERR, du bist / unser Gott, du erhör-test sie; du, Gott, vergabst ihnen / und du straftest ihr Tun. … Erhöhet den HERRN, unsern Gott, / und betet an zu sei'm / heiligen Berge; denn der HERR, / unser Gott, ist heilig.

100   Psalm 100

Jauchzet dem HERRN alle Welt! Ja, / dient dem HERRN mit Freuden; / kommt vor sein Angesicht mit Froh-locken! Erkennet ihn! … Erkennet, dass der HERR Gott ist, / dass er uns gemacht hat / und nicht wir selbst – zu seinem Volk, / zu Schafen seiner Weid. … Gehet zu seinen Toren ein, / mit Danken zu seinen / Vorhöfen mit Loben; dankt ihm, / lobet seinen Namen! … Denn der HERR ist freundlich und sei-ne Gnad währet ewig / und seine Wahrheit die währet / für und für – alle Zeit.

101   Psalm 101

Nach dem Psalm Davids.

Von Gnade und Recht will ich sin-gen und dir, HERR, lobsag'n. /
Ich handle vorsichtig und red-lich bei denen, die mir … zugehören,
und wandle treu-lich in meinem Hause. / Ich nehme mir keine böse /
Sache vor; ich hass den … Übertreter und lasse ihn / nicht bei mir
bleiben. Ein / verkehrtes Herz muss von mir wei-chen; den Bösen
leide … ich nicht. Der seinen Nächsten heim-lich verleumdet, den
ver-tilge ich; ich mag den nicht, der / stolze Gebärde und … hohen
Mut hat. Meine Augen / sehen nach den Treuen / im Lande, dass sie
bei mir woh-nen; und habe gerne … fromme Diener. Falsche Leute /
halt ich nicht in meinem / Hause; die Lügner gedeihen / nicht bei
mir. Jeden Morg'n … will ich vertilgen alle Gott-losen im Lande,
dass / ich alle Übeltäter aus-rott aus der Stadt des HERRN.

102   Psalm 102

Ein Gebet des Elenden, so er betrübt ist und seine Klage vor dem
HERRN ausschüttet.

HERR, höre mein Gebet und lass / mein Schrei'n zu dir kommen! /
Verbirg dein Antlitz nicht vor mir / in der Not, neig deine … Ohren
zu mir; wenn ich dich an-rufe, so erhöre / mich bald! Denn meine
Tage sind / vergangen wie ein Rauch, … und meine Gebeine sind
ver-brannt wie ein Brand. Mein Herz / ist geschlagen und verdorrt
wie / Gras, dass ich auch vergess, … mein Brot zu essen. Mein
Gebein / klebt an meinem Fleisch vor / Heulen und Seufzen. Ich bin
gleich / wie eine Rohrdommel … in der Wüste; ich bin gleich wie /
ein Käuzlein in den ver-störten Stätten. Ich wache und / bin wie ein
einsamer … Vogel auf dem Dache. Täglich / schmähen mich meine
Feind; / und die mich verspotten, schwören / bei mir. Denn ich esse
… Asche wie Brot und mische mei-nen Trank mit Weinen vor /

deinem Drohen und Zorn, dass du / mich aufgehoben und ... zu
Boden gestoßen hast. Mei-ne Tage sind dahin / wie ein Schatten,
und ich verdor-re wie Gras. Du aber, ... HERR, bleibst ewiglich und
dein Ge-dächtnis für und für. Du / wollest dich aufmachen und ü-ber
Zion erbarmen; ... denn es ist Zeit, dass du ihr gnä-dig seist, und die
Stunde / ist gekommen. Denn deine Knech-te wollten gerne, dass ...
sie gebaut würde, und sähen / gerne, dass ihre Stein / und Kalk
zugerichtet würden, / dass die Heiden den Nam'n ... des HERRN
fürchten und alle Kö-nige auf Erd'n deine / Ehre, dass der HERR
Zion baut / und erscheint in seiner ... Ehre. Er wendet sich zum Gebet der Verlassenen / und verschmäht ihr Gebet nicht. Das / werde
geschrieben auf ... die Nachkommen; und das Volk, das /
geschaffen soll werden, / wird den HERRN loben. Denn er schaut /
von seiner heil'gen Höh, ... und der HERR sieht vom Himmel auf /
die Erde, dass er das / Seufzen des Gefangenen hö-re und losmache
die ... Kinder des Todes, auf dass sie / zu Zion predigen / den
Namen des HERRN und sein Lob / zu Jerusalem, wenn ... die
Völker zusammenkommen / und die Königreiche, / dem HERRN zu
dienen. Er demü-tigt auf dem Weg meine ... Kraft; er verkürzt
meine Tage. / Ich sage: Mein Gott, nimm / mich nicht weg in der
Hälfte mei-ner Tage! Deine Jahr ... währen für und für. Du hast vormals die Erde gegründ't, / und die Himmel sind deiner Hän-de
Werk. Sie werd'n vergeh'n, ... aber du bleibest. Sie werden / alle
veralten wie / ein Gewand; sie werden verwan-delt wie ein Kleid,
wenn du ... sie verwandeln wirst. Du aber / bleibest, wie du bist,
und / deine Jahre nehmen kein En-de. Die Kinder deiner ... Knechte
werden bleiben, und ihr / Same wird vor dir ge-deihen.

103   Psalm 103

Nach dem Psalm Davids.

Lobe den HERRN, meine Seele, / und was in mir ist, sein'n /
heiligen Namen! Lobe den / HERRN, meine Seele, und ... vergiss

nicht, was er dir Gutes / getan hat: der dir all / deine Sünden vergibt und heilt / all deine Gebrechen, … der dein Leben vom Verderben / erlöst, der dich krönet / mit Gnade und Barmherzigkeit, / der deinen Mund fröhlich … macht, und du wieder jung wirst wie / ein Adler. Der HERR schafft / Gerechtigkeit und Gericht al-len, die Unrecht leiden. … Er hat seine Wege Mose / wissen lassen, die Kin-der Israel sein Tun. Barmher-zig und gnädig ist der … HERR, geduldig und von großer / Güt. Er wird nicht immer / hadern noch ewiglich Zorn hal-ten. Er handelt nicht mit … uns nach unsern Sünden und ver-gilt uns nicht nach unsrer / Missetat. Denn so hoch der Him-mel über der Erd ist, … lässt er seine Gnade walten / über die, so ihn fürch-ten. So ferne der Morgen ist / vom Abend, lässet er … unsre Übertretungen von / uns sein. Wie sich ein Va-ter über Kinder erbarmt, so / erbarmet sich der HERR … über die, so ihn fürchten. Denn / er kennt, was für ein Ge-mächte wir sind; er gedenkt da-ran, dass wir Staub sind. Ein … Mensch ist in seinem Leben wie / Gras, er blüht wie eine / Blume auf dem Feld; wenn der Wind / darüber geht, so ist … sie nimmer da, und ihre Stät-te kennet sie nicht mehr. / Die Gnade aber des HERRN wäh-ret von Ewigkeit zu … Ewigkeit über die, so ihn / fürchten, und seine Ge-rechtigkeit auf Kindeskind bei / denen, die seinen Bund … halten und gedenken an sei-ne Gebote, dass sie / darnach tun. Der HERR hat seinen / Stuhl im Himmel bereit't, … und sein Reich herrscht über alles. / Lobet den HERRN, ihr sei-ne Engel, ihr starken Helden, / die ihr seinen Befehl … ausrichtet, dass man höre auf / die Stimme seines Worts! / Lobet den HERRN, alle seine / Heerschar'n, seine Diener, … die ihr seinen Will'n tut! Lobet / den HERRN, alle seine / Werke, an allen Orten sei-ner Herrschaft! Lobe den … HERRN, meine Seele!

104   **Psalm 104**

Lobe den HERRN, meine Seele! / HERR, mein Gott, du bist sehr / herrlich; du bist schön und prächtig / geschmückt. Licht ist dein

Kleid, ... das du anhast; du breitest aus / den Himmel wie einen / Teppich; Du wölbest es oben / mit Wasser; du fährst auf ... den Wolken wie auf einem Wa-gen und gehest auf den / Fittichen des Windes; der du / machst Winde zu deinen ... Engeln und zu deinen Dienern / Feuerflammen; der du / das Erdreich gegründet hast auf / seinen Boden, dass es ... bleibt immer und ewiglich. Mit / der Tiefe decktest du / es wie mit einem Kleide, und / Wasser standen über ... den Bergen. Aber von deinem / Schelten flohen sie, von / deinem Donner fuhren sie da-hin. Die Berge gingen ... hoch hervor, und die Täler setz-ten sich herunter zum / Ort, den du ihnen gegründet / hast. Du hast eine Grenz ... gesetzet, darüber kommen / sie nicht und dürfen nicht / wiederum das Erdreich bede-cken. Du lässest Brunnen ... quellen in den Gründen, dass die / Wasser zwischen den Berg'n / hinfließen, dass alle Tiere / auf dem Felde trinken ... und das Wild seinen Durst lösche. / An denselben sitzen / die Vögel des Himmels und sin-gen unter den Zweigen. ... Du feuchtest die Berge von o-benher; du machst das Land / voll Früchte, die du schaffest; du / lässest Gras wachsen für ... das Vieh und Saat zu Nutz den Men-schen, dass du Brot aus der / Erde bringest, und dass der Wein / erfreue des Menschen ... Herz, dass seine Gestalt schön werd / vom Öl und das Brot des / Menschen Herz stärke; dass die Bäu-me des HERRN voll Saft steh'n, ... die Zedern Libanons, die er / gepflanzet hat. Daselbst / nisten die Vögel, und die Rei-her wohn'n auf den Tannen. ... Die hohen Berge sind der Gem-sen Zuflucht, und die Stein-klüfte der Kaninchen. Du hast / den Mond gemacht, das Jahr ...darnach zu teilen; die Sonne / weiß ihren Niedergang. / Du machst Finsternis, dass es Nacht / wird; da regen sich all ... die wilden Tiere, die jungen / Löwen, die da brüllen / nach dem Raub und ihre Speise / suchen von Gott. Aber ... wenn die Sonne aufgeht, heben / sie sich davon und leg'n / sich in ihre Höhlen. So ge-het dann der Mensch aus an ... seine Arbeit und geht an sein / Ackerwerk bis an den / Abend. HERR, wie sind deine Wer-ke so groß und viel! Du ... hast sie alle weislich geord-net, und die Erde ist / voll deiner Güter. Das Meer, das / so groß und weit ist, da

... wimmelt's ohne Zahl, große und / kleine Tiere. Daselbst / gehen die Schiffe; da sind Wal-fische, die du gemacht ... hast, dass sie darin spielen. Es / wartet alles auf dich, / dass du ihnen Speise gebest / zu seiner Zeit. Wenn du ... ihnen gibst, so sammeln sie; wenn / du deine Hand auftust, / so werd'n sie mit Gut gesättigt. / Verbirgst du dein Ang'sicht, ... so erschrecken sie; du nimmst weg / ihren Odem, so ver-gehen sie und werden wieder / zu Staub. Du lässest aus ... deinen Odem, so werden sie / geschaffen, und du er-neuest die Gestalt der Erde. / Die Ehre des HERRN ist ... ewig; der HERR hat Wohlgefal-len an seinen Werken. / Er schaut die Erde an, so bebt / sie; er rührt die Berg an, ... so rauchen sie. Ich will dem HERRN / singen mein Leben lang / und meinen Gott loben, solan-ge ich bin. Meine Red ... müsse ihm wohl gefallen. Ich / freue mich des HERRN. Der / Sünder müsse ein Ende werd-en auf Erden, und die ... Gottlosen nicht mehr sein. Lobe / den HERRN, meine Seele! / Halleluja!

105   **Psalm 105**

Danket dem HERRN und prediget / seinen Namen; verkün-diget sein Tun unter den Völ-kern! Singet von ihm und ... lobet ihn; redet von allen / seinen Wundern! Rühmet / seinen heil'gen Namen; es freu-e sich das Herz derer, ... die den HERRN suchen! Fraget nach / dem HERRN und nach seiner / Macht, suchet sein Antlitz alle-wege! Gedenkt seiner ... Wunderwerke, die er getan / hat, seiner Wunder und / der Gerichte seines Mundes, / ihr, der Sam Abrahams, ... seines Knechts, ihr Kinder Jakobs, / seine Auserwählten! / Er ist der HERR, unser Gott; er / richtet in aller Welt. ... Er gedenkt ewiglich an sei-nen Bund, des Worts, das er / verheißen hat auf tausend Ge-schlechter, den er gemacht ... hat mit Abraham, und des Ei-des mit Isaak; und / stellte es Jakob zu einem / Rechte und Israel ... zum ew'gen Bund und sprach: „Dir will / ich das Land Kanaan / geben, das Los eures Erbes," / da sie wenig und g'ring ...

waren und Fremdlinge darin. / Und sie zogen von Volk / zu Volk, von einem Königreich / zum andern Volk. Er ließ ... keinen Menschen ihnen Schaden / tun und straft Könige / um ihretwillen. „Tastet mei-ne Gesalbten nicht an ... und tut meinen Propheten kein / Leid!" Und er ließ eine / Teuerung ins Land kommen und / entzog allen Vorrat ... des Brots. Er sandte einen Mann / vor ihnen hin; Joseph / ward zum Knecht verkauft. Sie zwangen / seine Füß in den Stock, ... sein Leib musste in Eisen lie-gen, bis dass sein Wort kam / und die Rede des HERRN ihn durch-läuterte. Da sandte ... der König hin und ließ ihn los-geben; der Herr über / Völker hieß ihn herauslassen. / Er setzte ihn zum Herrn ... über sein Haus, zum Herrscher ü-ber all seine Güter, / dass er seine Fürsten unter-wiese nach seiner Weis ... und seine Ältesten Weisheit / lehrte. Und Israel / zog nach Ägypten, und Jakob / ward ein Fremdling im Land ... ein Fremdling im Land Hams. Und er / ließ sein Volk sehr wachsen / und machte sie mächtiger denn / ihre Feinde. Und er ... verkehrte jener Herz, dass sie / seinem Volk gram wurden / und dachten, seine Knechte mit / List zu dämpfen. Er sandt' ... seinen Knecht Mose, Aaron, den / er erwählt hatte. Die-selben taten seine Zeichen un-ter ihnen und sie ... taten seine Wunder im Land / Hams. Er ließ Finsternis / kommen und machte es dort fins-ter; und sie waren nicht ... ungehorsam seinen Worten. / Er verwandelte ihr / Wasser in Blut und tötete / ihre Fische. Ihr Land ... wimmelte Frösche heraus in / den Kammern der König. / Er sprach: da kam Ungeziefer, / Stechmücken in all ihr ... Gebiet. Er gab ihnen Hagel / zum Reg'n, Feuerflammen / in ihrem Land und schlug ihre / Weinstöck und Feig'nbäume ... und zerbrach die Bäume in ihr'm / Gebiet. Er sprach: da kam'n / Heuschrecken und Käfer ohne / Zahl. Und sie fraßen all's ... Gras in ihrem Lande und fra-ßen die Früchte auf ihr'm / Felde. Er schlug alle Erstge-burt in Ägypten, all ... Erstlinge ihrer Kraft. Und er / führt sie aus mit Silber / und Gold; und war kein Gebrechlich-er unter ihr'n Stämmen. ... Ägypten ward froh, dass sie aus-zogen; denn ihre Furcht / war auf sie gefallen. Er brei-tete eine Wolke ... aus zur Decke und ein Feuer, / des Nachts zu

leuchten. Sie / baten: da ließ er Wachteln kom-men; und er
sättigte ... sie mit Himmelsbrot. Er öffne-te den Felsen: da floss /
Wasser heraus, dass Bäche lie-fen in der dürr'n Wüste. ... Denn er
dachte an sein heil'ges / Wort, das er Abraham / seinem Knechte,
hatte gere-det. Also führte er ... sein Volk aus in Freuden und sei-ne
Auserwählten in / Wonne und gab ihnen die Län-der der Heiden,
dass sie ... die Güter der Völker einnah-men, auf dass sie halten /
sollen seine Rechte und sein / Gesetze bewahren. ... Halleluja!

106   **Psalm 106**

Halleluja! Danket dem HERRN; / denn er ist freundlich, und / seine
Güte währet ewig-lich. Wer kann die großen ... Taten des HERRN
ausreden und / all seine löblichen / Werke preisen? Wohl denen,
die / das Gebot halten und ... tun immerdar recht! HERR, geden-ke
mein nach der Gnade, / die du dem Volk verheißen hast; / beweis
uns deine Hilf, ... auf dass wir sehen mögen die / Wohlfahrt deiner
Auser-wählten und uns freuen, dass es / deinem Volke wohl geht, ...
und uns rühmen mit deinem Erb-teil. Wir haben gesün-digt samt
unsern Vätern; wir ha-ben missgehandelt und ... sind gottlos
gewesen. Unsre / Väter in Ägypten / wollten deine Wunder nicht
ver-stehen; sie gedachten ... nicht an deine große Güte / und war'n
ungehorsam / am Meer, am Schilfmeer. Er half ih-nen aber um
seines ... Namens willen, dass er seine / Macht bewiese. Und er /
schalt das Schilfmeer: da ward's trocken, / und führte sie durch
die ... Tiefen wie in einer Wüste / und half ihnen von der / Hand des,
der sie hasste, und er-löste sie von der Hand ... des Feindes; und die
Wasser er-säuften ihre Wider-sacher, dass nicht *einer* übrig / blieb.
Da glaubten sie an ... seine Worte und sangen sein / Lob. Doch sie
vergaßen / bald seiner Werke; sie warte-ten nicht auf seinen Rat. ...
Und sie wurden lüstern in der / Wüste und versuchten / Gott in der
Einöde. Er a-ber gab ihnen ihre ... Bitte und sandte ihnen ge-nug, bis
ihnen davor / ekelte. Und sie empörten / sich wider Mose im ...

Lager, wider Aaron, den Hei-ligen des HERRN. Die Erd / tat sich
auf und verschlang Dathan / und deckte zu die Rott ... Abirams, und
Feuer ward un-ter ihrer Rott ange-zündet, die Flamme verbrannte /
die Gottlosen. Und sie ... machten ein Kalb am Horeb und / beteten
an das ge-gossene Bild und verwandel-ten ihre Ehre in ... ein
Gleichnis eines Ochsen, der / Gras frisst. Sie vergaßen / Gottes,
ihres Heilands, der so / große Dinge dort in ... Ägypten getan hatte,
Wun-der im Lande Hams und / schreckliche Werke am Schilfmeer. /
Und er sprach, er wollte ... sie vertilgen, wo nicht Mose, / sein
Auserwählter, in / den Riss getreten wäre vor / ihm, seinen Grimm
abzu-wenden, auf dass er sie nicht gar / verderbte. Und sie verachteten das liebe Land, sie / glaubten seinem Wort nicht ... und
murrten in ihren Hütten; / sie gehorchten der Stimm / des HERRN
nicht. Und er hob auf sei-ne Hand wider sie, dass ... er sie
niederschlüge in der / Wüste und würf ihren / Samen unter die
Heiden und / zerstreut sie in d'Länder. ... Und sie hingen sich an den
Baal-Peor und aßen von / den Opfern der toten Götzen / und
erzürnten ihn mit ... ihrem Tun; da brach auch die Pla-ge unter sie.
Da trat / Pinehas herzu und schlichte-te die Sache; da ward ... der
Plage gesteuert. Das ward / ihm gerechnet zur Ge-rechtigkeit für
und für ewig-lich. Und sie erzürnten ... ihn am Haderwasser, und
Mo-se ging es übel um / ihretwillen. Denn sie betrüb-ten ihm sein
Herz, dass ihm ... etliche Worte entfuhren. / Auch vertilgten sie die /
Völker nicht, wie sie doch der HERR / geheißen hat; sondern ... sie
mengten sich unter die Hei-den und lernten derselb / Werke und
dienten ihren Götz-en; die wurden ihnen ... zum Fallstrick. Und sie
opferten / ihre Söhne und ih-re Töchter den Teufeln und ver-gossen
unschuldig Blut, ... das Blut ihrer Söhne und ih-rer Töchter, die sie
dort / opferten den Götzen Kana-ans, dass das Land mit Blutschulden befleckt ward; und verun-reinigten sich mit ihr'n / Werken
und wurden abgöttisch / mit ihrem Tun. Und da ... ergrimmte der
Zorn des HERRN ü-ber sein Volk, und er ge-wann einen Greuel an
seinem / Erbe und gab sie in ... die Hände der Heiden, dass ü-ber sie
herrschten, die ihn'n / gram waren. Und ihre Feinde / ängsteten sie;

und sie ... wurden gedemütigt unter / ihre Hände. Er er-rettete sie oftmals; aber / sie erzürnten ihn mit ... ihrem Vornehmen und wurden / wenig um ihrer Mis-setat will'n. Und er sah ihre / Not an, da er ihre ... Klage hörte, und dachte an / seinen Bund, den er mit / ihnen gemacht hatte; und es / reute ihn nach seiner ... großen Güte, und er ließ sie / zur Barmherzigkeit komm'n / vor allen, die sie g'fangen hat-ten. Hilf uns, HERR, unser ... Gott, und bringe uns zusammen / aus den Heiden, dass wir / danken deinem heiligen Na-men und rühmen dein Lob. ... Gelobt sei der HERR, der Gott Is-raels, von Ewigkeit / zu Ewigkeit, alles Volk sprech: / Amen, halleluja!

107   Psalm 107

Danket dem HERRN; denn er ist freund-lich, und seine Güt währt / ewiglich. So sollen sagen, / die erlöst sind durch den ... HERRN, die er aus der Not erlöst / hat und die er aus den / Ländern zusammengebracht hat / dort vom Aufgang, und vom ... Niedergang, von Mitternacht und / vom Meer. Die irr'gingen / in der Wüste, in ungebahn-tem Wege, und fanden ... keine Stadt, da sie wohnen konn-ten, hungrig und durstig, / und ihre Seele verschmachte-te; die zum HERRN riefen ... in ihrer Not, und er erret-tete sie aus ihren / Ängsten und führte sie einen / richtigen Weg, dass sie ... gingen zur Stadt, da sie wohnen / konnten: die sollen dem / HERRN danken für seine Güte / und für seine Wunder, ... die er an den Menschenkindern / tut, dass er sättigt die / durstige Seele und füllt die / hungrige Seele mit ... Gutem. Die da sitzen mussten / in der Finsternis und / Dunkel, gefangen im Zwang und / Eisen, darum dass sie ... Gottes Geboten ungehor-sam gewesen waren / und das Gesetz des Höchsten ge-schändet hatten, dafür ... ihr Herz mit Unglück geplagt wer-den musste, dass sie da-lagen und ihnen niemand half; / die zum HERRN riefen in ... ihrer Not, und er half ihnen / aus ihren Ängsten und / führte sie aus Finsternis und /

Dunkel und zerriss die … Bande: die sollen dem HERRN dan-ken für seine Güte / und für seine Wunder, die er / an den Menschenkindern … tut, dass er zerbricht eherne / Türen und zerschlägt die / eisernen Riegel. Die Narren, / so geplagt waren um … ihrer Übertretung willen / und um ihrer Sünden / willen, dass ihnen ekelte / vor aller Speise und … sie todkrank wurden; die zum HERRN / riefen in ihrer Not, / und er half ihnen aus ihren / Ängsten, er sandte sein … Wort und machte sie gesund und / errettete sie, dass / sie nicht starben: die sollen dem / HERRN danken für seine … Güte und für seine Wunder, / die er an den Menschen-kindern tut, und Dank opfern und / erzähl'n seine Werke … mit Freuden. Die mit Schiffen auf / dem Meer fuhren und trieb'n / ihren Handel in großen Was-sern; die des HERRN Werke … erfahren haben und seine / Wunder im Meer, wenn er / sprach und einen Sturmwind erreg-te, der die Wellen hob, … und sie gen Himmel fuhren und / in den Abgrund fuhren, / dass ihre Seele vor Angst ver-zagte, dass sie taumeln … und wankten wie ein Trunkener / und wussten keinen Rat / mehr; die zum HERRN schrieen in ih-rer Not, und er führte … sie aus ihren Ängsten und still-te das Ungewitter, / dass die Wellen sich legten und / sie froh wurden, dass es … still geworden war und er sie / zu Lande brachte nach / ihrem Wunsch: die sollen dem HERRN / danken für seine Güt … und für seine Wunder, die er / an den Menschenkindern / tut, und ihn bei der Gemeind prei-sen und bei den Alten … rühmen. Er machte Bäche trock-en und ließ Wasserquell'n / versiegen, dass ein fruchtbar Land / zur Salzwüste wurde … um der Bosheit willen derer, / die darin wohnten. Er / machte das Trockene wieder-um wasserreich und im … dürren Lande Wasserquellen / und hat die Hungrigen / dahingesetzt, dass sie eine / Stadt zurichten, da sie … wohnen konnten, und Äcker be-säen und Weinberge / pflanzen möchten und die jährlich-en Früchte gewönnen. … Und er segnete sie, dass sie / sich sehr mehrten, und gab / ihnen viel Vieh. Sie waren nie-dergedrückt und geschwächt … von dem Bösen, das sie gezwun-gen und gedrungen hat. / Er schüttete Verachtung auf / die

Fürsten und ließ sie … irren in der Wüste, da kein / Weg ist, und schützte den / Armen vor Elend und mehrte / sein Geschlecht wie eine … Herde. Solches werden die From-men sehen und sich freu'n; / und aller Bosheit wird das Maul / gestopft werden. Wer ist … weise und behält dies? So wer-den sie merken, wie viel / Wohltaten der HERR erzeigt.

108   **Psalm 108**

Nach dem Psalmlied Davids.

Gott, es ist mein rechter Ernst; ich / will singen und dichten, / meine Ehre auch. Wohlauf, Psal-ter und Harfe! Ich will … mit der Frühe auf sein. Ich will / dir danken, HERR, unter / den Völkern; ich will dir lobsin-gen unter den Leuten. … Denn deine Gnade reicht, soweit / der Himmel ist, und dei-ne Wahrheit, soweit die Wolken / gehen. Erhebe dich, … Gott, über den Himmel, und dei-ne Ehr über alle / Lande. Auf dass deine lieben / Freunde erledigt werd'n, … hilf mit deiner Rechten und er-höre mich! Gott rede-te in seinem Heiligtum, des / bin ich froh, und ich will … Sichem teil'n und das Tal Sukkoth / abmessen. Gilead / ist mein, Manasse ist auch mein, / und Ephraim ist die … Macht meines Hauptes, Juda ist / mein Zepter, Moab ist / mein Waschbecken, ich will mein'n Schuh / über Edom strecken, … über die Philister will ich / jauchzen. Wer will mich führ'n / in eine feste Stadt? Wer wird / mich geleiten bis nach … Edom? Wirst du es nicht tun, Gott, / der du uns verstößest / und ziehest nicht aus, Gott, mit un-serm Heer? Schaff uns Beistand … in der Not; denn Menschenhilfe / ist nichts nütz. Mit Gott woll'n / wir Taten tun; er wird unsre / Feinde untertreten.

Nach dem Psalm Davids, vorzusingen.

Gott, mein Ruhm, schweige nicht! Denn sie / haben ihr gottloses / und falsches Maul wider mich auf-getan und red'n wider … mich mit falscher Zunge; und sie / reden giftig wider / mich allenthalben und streiten / wider mich ohn Ursach. … Dafür, dass ich sie liebe, sind / sie wider mich; doch ich / bete. Sie beweisen mir Bö-ses um Gutes und Hass … um Liebe. Setze Gottlose / über ihn; und es müss / der Satan stehen zu seiner / Rechten. Wenn er gericht't … wird, müsse er verdammt ausgeh'n, / und sein Gebet müsse / Sünde sein. Seiner Tage müs-sen wenige werden, … und sein Amt müsse ein ander-er empfangen. Seine / Kinder müssen Waisen werden / und sein Weib eine Witw'. … Seine Kinder müssen in der / Irre gehen, betteln / und suchen, als die verdorben / sind. Es müss der Wuch'rer … aussaugen alles, was er hat; / und Fremde müssen sei-ne Güter rauben. Und niemand / müsse ihm Gutes tun, … und niemand erbarme sich sei-ner Waisen. Seine Nach-kommen müssen ausgerottet / werden; ihr Name werd … im andern Glied vertilgt. Seiner / Väter Missetat müss / gedacht werden vor dem HERRN, und / seiner Mutter Sünde … müss nicht ausgetilgt werd'n. Der HERR / müss sie nimmer aus den / Augen lassen, und ihr Gedächt-nis müsse ausgerott't … werden auf Erden, darum dass / er so gar keine Barm-herzigkeit hatte, sondern ver-folgte den Elenden … und Armen und Betrübten, dass / er ihn tötete. Und / er wollte den Fluch haben, der / wird ihm auch kommen; er … wollte den Segen nicht, so wird / er auch fern von ihm bleib'n. / Er zog an den Fluch wie sein Hemd; / der ist ins Inwendig … gegangen wie Wasser, und wie / Öl in seine Gebein; / so werde er ihm wie ein Kleid, / das er anhabe, und … wie ein Gürtel, mit dem er al-lewege sich gürte. / So geschehe denen vom HERRN, / die mir zuwider sind … und reden Böses wider mei-ne Seele. Aber du, / HERR Herr, sei du mit mir um dei-nes Namens willen; denn … deine Gnade ist mein Trost: er-rette mich! Denn ich bin / arm und elend; mein Herz ist zer-schlagen in mir. Ich fahr ... dahin wie ein Schatten, der ver-trieben wird, und werde / verjagt wie Heuschrecken. Meine / Knie sind schwach von Fasten, ... und mein Fleisch ist mager und hat / kein Fett. Und ich muss ihr / Spott sein; wenn sie mich sehen, schüt-teln sie ihren Kopf. Steh ... mir bei, HERR, mein Gott! hilf mir nach / deiner Gnade, dass sie / innewerden, dass dies sei dei-ne Hand, dass du, HERR, solch's ... dass du solch's tust. Fluchen sie, so / segne du. Setzen sie / sich wider mich, so sollen sie / zu Schanden werden; doch ... dein Knecht müss sich freuen. Meine / Widersacher müssen / mit Schmach angezogen werden / und mit ihrer Schande ... bekleidet werden wie mit ei-nem Rock. Ich will dem HERRN / sehr danken mit meinem Munde / und ihn rühmen unter ... vielen. Denn er steht dem Armen / zur Rechten, dass er ihm / helfe von denen, die sein Le-ben verurteilen.

110   Psalm 110

Nach dem Psalm Davids.

Der HERR sprach zu meinem Herrn: „Setz / dich zu meiner Rechten, / bis ich deine Feinde zum Sche-mel deiner Füße leg." ... Der HERR wird das Zepter deines / Reich's senden aus Zion: / „Herrsche unter deinen Feinden!" / Nach deinem Sieg wird dir ... dein Volk willig opfern in heil'-gem Schmuck. Deine Kinder / werden dir geboren wie der / Tau aus der Morgenröt. ... Der HERR hat geschwor'n, und es wird / ihn nicht reuen: „Du bist / ein Priester ewiglich nach der / Weise Melchisedeks." ... Der Herr zu deiner Rechten wird / zerschmettern die König / am Tage seines Zorns; er wird / richten unter den Heid'n; ... er wird ein großes Schlagen un-ter ihnen tun; er wird / zerschmettern das Haupt über gro-ße Lande. Und er wird ... trinken vom Bach auf dem Wege; / darum wird er das Haupt / emporheben.

111   Psalm 111

Halleluja! Ich danke dem / HERRN von ganzem Herzen / im Rat der Frommen und in der / Gemeinde. Groß sind die … Werke des HERRN; wer ihrer ach-tet, der hat eitel Lust / daran. Was er ordnet, das ist / löblich und herrlich; und … seine Gerechtigkeit bleibt e-wiglich. Er hat ein Ge-dächtnis gestiftet seiner Wun-der, der gnädige und … barmherzige HERR. Er gibt Speis / denen, die ihn fürchten; / er gedenkt ewig an seinen / Bund. Er lässt verkünden … seine gewaltigen Taten / seinem Volk, dass er ihn'n / gebe das Erbe der Heiden. / Die Werk seiner Hände … sind Wahrheit und Recht; alle sei-ne Gebote sind recht-schaffen. Sie werden erhalten / immer und ewiglich … und geschehen treulich und red-lich. Er sendet eine / Erlösung seinem Volk; er ver-heißt, dass sein Bund ewig … bleiben soll. Heilig und hehr ist / sein Name. Die Furcht des / HERRN ist der Weisheit Anfang. Das / ist eine fein Klugheit, … wer darnach tut, des Lob bleibt e-wiglich.

112   Psalm 112

Halleluja! Wohl dem, der den / HERRN fürchtet, der große / Lust hat zu seinen Geboten! / Des Same wird g'waltig … sein auf Erden; das Geschlecht der / Frommen wird gesegnet / sein. Reichtum und die Fülle wird / in ihrem Hause sein, … und ihre Gerechtigkeit bleibt / ewiglich. Den Frommen / geht das Licht auf in der Finster-nis von dem Gnädigen, … Barmherzigen und Gerechten. / Wohl dem, der barmherzig / ist und gerne leihet und rich-tet seine Sachen aus, … dass er niemand Unrecht tue! / Denn er wird ewiglich / bleiben; des Gerechten wird nim-mermehr vergessen. Wenn … eine Plage kommen will, so / fürchtet er sich nicht; sein / Herz hofft unverzagt auf den HERRN. / Sein Herz ist getrost und … fürchtet sich nicht, bis er seine / Lust an sein'n Feinden sieht. / Er streut aus und gibt den Armen; / seine Gerechtigkeit … bleibt ewiglich, sein

Horn wird er-höht mit Ehren. Der Gott-lose wird's sehen, und es wird / ihn verdrießen; seine … Zähne wird er zusammenbei-ßen und vergehen. Denn / was die Gottlosen gerne woll-ten, das ist verloren.

113   Psalm 113

Halleluja! Lobet, ihr Knech-te des HERRN, lobet den / Namen des HERRN! Gelobet sei / des HERRN Name von nun … an bis in Ewigkeit! Vom Auf-gang der Sonne bis zu / ihrem Niedergang sei gelo-bet der Name des HERRN! … Der HERR ist hoch über alle / Heiden; seine Ehr geht, / soweit der Himmel ist. Wer ist / wie der HERR, unser Gott? … der sich so hoch gesetzt hat und / auf das Niedrige sieht / im Himmel und auf Erden; der / den Geringen aufricht't … aus dem Staube und erhöht den / Armen aus dem Kot, dass / er ihn setze neben die Fürs-ten, neben die Fürsten … seines Volks; der die Unfruchtba-re im Hause wohnen / macht, auf dass sie eine fröhlich-e Kindermutter wird. … Halleluja!

114   Psalm 114

Da Israel aus Ägypten / zog, das Haus Jakob aus / dem fremden Volk, da ward Juda / sein Heiligtum, da ward … Israel seine Herrschaft. Das / Meer sah es und floh; der / Jordan wandte sich zurück; die / Berge hüpften wie die … Lämmer, die Hügel wie die jun-gen Schafe. Was war dir, / du Meer, dass du flohest, und dir, / du Jordan, dass du dich … zurückwandtest, ihr Berge, dass / ihr hüpftet wie Lämmer, / ihr Hügel wie die jungen Scha-fe? Vor dem HERRN bebte … die Erde, vor dem Gott Jakobs, / der den Fels wandelte / in einen Wassersee und die / Stein in Wasserbrunnen.

Nicht uns, HERR, nicht uns, sondern dei-nem Namen gib Ehre / um deine Gnade und Wahrheit! / Warum sollen die Heid'n … sagen: Wo ist nun ihr Gott? A-ber unser Gott ist im / Himmel; er kann schaffen, was er / will. Jener Götzen sind … Silber und Gold, von Menschenhän-den gemacht. Sie haben / Mäuler, und reden nicht; sie ha-ben Augen, und seh'n nicht; … sie haben Ohren, und hören / nicht; sie haben Nasen, / und riechen nicht; sie haben Hän-de, und greifen nicht; Füß … haben sie, und gehen nicht; sie / reden nicht durch ihren / Hals. Die solche machen, sind ih-nen gleich, und alle, die …auf sie hoffen. Aber Isra-el hoffe auf den HERRN! / Der ist ihre Hilfe und Schild. / Das Haus Aaron hoffe … auf den HERRN! Der ist ihre Hil-fe und Schild. Die den HERRN / fürchten, hoffen auf den HERRN! Der / ist ihre Hilfe und … Schild. Der HERR denkt an uns und seg-net uns; er segnet das / Haus Israel, er segnet das / Haus Aaron; er segnet, … die den HERRN fürchten, Kleine und / Große. Der HERR segne / euch je mehr und mehr, euch und eu-re Kinder! Ihr seid die … Gesegneten des HERRN, der Him-mel und Erde gemacht / hat. Der Himmel allenthalben / ist des HERRN; aber die … Erde hat er den Menschenkin-dern gegeben. Die To-ten werden dich, HERR, nicht loben, / noch die hinunterfahr'n … in die Stille; sondern wir lo-ben den HERRN von nun an / bis in Ewigkeit. Halleluja!

116   Psalm 116

Das ist mir lieb, dass der HERR mei-ne Stimme und mein Fleh'n / hört. Denn er neigte sein Ohr zu / mir; darum will ich mein … Leben lang ihn anrufen. Stri-cke des Todes hatten / mich umfangen, und Ängste der / Hölle hatten mich ge-troffen; ich kam in Jammer und / Not. Aber ich rief an / den Namen des HERRN: O HERR, er-rette mein Seele! … Der HERR ist gnädig und gerecht, / und unser

Gott ist barm-herzig. Der HERR behütet die / Einfältigen; wenn ich …unterliege, so hilft er mir. / Sei nun wieder zufried'n, / meine Seele; denn der HERR tut / dir Gutes. Denn du hast … meine Seele aus dem Tode / gerissen, meine Aug'n / von den Tränen, meinen Fuß vom / Gleiten. Ich werd wandeln … vor dem HERRN im Lande der Le-bendigen. Ich glaube, / darum rede ich; ich werde / aber sehr geplagt. Ich … sprach in meinem Zagen: Alle / Menschen sind Lügner. Wie / soll ich dem HERRN vergelten al-le seine Wohltat, die … er an mir tut? Ich will den Kelch / des Heils nehmen und des / HERRN Namen predigen. Ich will / meine Gelübde dem … HERRN bezahlen vor allem sei-nem Volk. Der Tod seiner / Heiligen ist wertgehalten / vor dem HERRN. O HERR, ich … bin dein Knecht; ich bin dein Knecht, dei-ner Magd Sohn. Du hast mei-ne Bande zerrissen. Dir will / ich Dank opfern und des … HERRN Namen predigen. Ich will / meine Gelübde dem / HERRN bezahlen vor allem sei-nem Volk, in den Höfen … am Hause des HERRN, in dir Je-rusalem. Hallelu-ja!

117   Psalm 117

Lobet den HERRN, alle Heiden; / preiset ihn, alle Völ-ker! Denn seine Gnade und Wahr-heit waltet über uns … in Ewigkeit. Halleluja!

118   Psalm 118

Danket dem HERRN; denn er ist freund-lich, und seine Güte / währet ewiglich. Es sage / nun Israel: Seine … Güte währet ewiglich. Es sag / nun das Haus Aaron: / Seine Güte währet ewig-lich. Es sagen nun, die … den HERRN fürchten: Seine Güte / währet ewiglich. In / der Angst rief ich den HERRN an, und / der HERR erhörte mich … und tröstete mich. Der HERR ist / mit mir, darum fürchte / ich mich nicht; was können mir Men-schen tun? Der

HERR ist mit … mir, mir zu helfen; und ich will / meine Lust sehen an / meinen Feinden. Es ist gut, auf / den HERRN vertrauen, und … nicht sich verlassen auf Menschen. / Es ist gut auf den HERRN / vertrauen und nicht sich verlas-sen auf Fürsten. Alle … Heiden umgeben mich; aber / im Namen des HERRN will / ich sie zerhauen. Sie umge-ben mich allenthalben; … aber im Namen des HERRN will / ich sie zerhauen. Sie / umgeben mich wie Bienen; a-ber sie erlöschen wie … ein Feuer in Dornen; im Na-men des HERRN will ich sie / zerhauen. Man stößt mich, dass ich / fallen soll; aber der … HERR hilft mir. Der HERR ist meine / Macht und mein Psalm und ist / mein Heil. Man singt mit Freuden vom / Sieg in den Hütten der … Gerechten: „Die Rechte des HERRN / behält den Sieg; die Recht / des HERRN ist erhöht; die Rechte / des HERRN behält den Sieg!“ … Ich werde nicht sterben, sondern / leben und des HERRN Werk / verkündigen. Der HERR züchtigt / mich wohl; aber er gibt … mich dem Tode nicht. Tut mir auf / die Tore der Gerech-tigkeit, dass ich dahin einge-he und dem HERRN danke. … Das ist das Tor des HERRN; die Ge-rechten werden dahin / eingehen. Ich danke dir, dass / du mich demütigst und … hilfst mir. Der Stein, den die Bauleu-te verworfen haben, / ist zum Eckstein geworden. Das / ist vom HERRN geschehen … und ist ein Wunder vor unsern / Augen. Dies ist der Tag, / den der HERR macht; lasset uns freu-en und fröhlich d'rin sein. … O HERR, hilf! o HERR, lass wohl ge-lingen! Gelobt sei, der / da kommt im Namen des HERRN! Wir / segnen euch, die ihr vom … Hause des HERRN seid. Der HERR ist / Gott, der uns erleuchtet. / Schmückt das Fest mit Maien bis an / die Hörner des Altars! … Du bist mein Gott, und ich danke / dir; mein Gott, ich will dich / preisen. Danket dem HERRN; denn er / ist freundlich, und seine … Güte währet ewiglich.

Wohl denen, die ohne Tadel / leben, die im Gesetz / des HERRN
wandeln! Wohl denen, die / seine Zeugnis halten, … die ihn von
ganzem Herzen su-chen! Denn welche auf sein'n / Wegen wandeln,
die tun kein Ü-bel. Du hast geboten, … fleißig zu halten deine Befehle. O dass mein Leb'n / deine Rechte mit ganzem Ernst / hielte!
Wenn ich schaue … allein auf deine Gebote, / so werde ich nicht
zu / Schanden. Ich danke dir von Her-zen, dass du mich lehrest …
die Rechte deiner Gerechtig-keit. Deine Rechte will / ich halten;
verlass mich nimmer-mehr. Wie wird ein Jüngling … seinen Weg
unsträflich gehen? / Wenn er sich hält nach dein'n / Worten. Ich
suche dich von gan-zem Herzen; lass mich nicht … abirren von
deinen Gebo-ten. Ich behalt dein Wort / in meinem Herzen, auf dass
ich / nicht wider dich sündig'. … Gelobt seist du, HERR! Lehre
mich / deine Rechte! Ich will / mit meinen Lippen erzählen / alle
Recht deines Mund's. … Ich freu mich des Weges deiner /
Zeugnisse wie über / allerlei Reichtum. Ich rede / von dem, was du
befohl'n … hast, und schaue auf deine We-ge. Ich habe Lust zu /
deinen Rechten und vergesse / deiner Worte nicht. Tu … wohl
deinem Knecht, dass ich lebe / und dein Wort halte. Und / öffne mir
die Augen, dass ich / sehe die Wunder an … deinem Gesetz. Ich bin
ein Gast / auf Erden; verbirg dei-ne Gebote nicht vor mir. Mei-ne
Seele ist zermalmt … vor Verlangen nach deinen Rech-ten allezeit.
Du schiltst / die Stolzen; verflucht sind, die von / deinen Gebot
abirr'n. … Wende von mir Schmach und Verach-tung; denn ich halt
deine / Zeugnisse. Es sitzen auch die / Fürsten und red'n wider …
mich; aber dein Knecht redet von / deinen Rechten. Ich hab / Lust
zu deinen Zeugnissen; die / sind meine Ratsleute. … Meine Seele
liegt im Staube; / erquick mich nach deinem / Wort. Ich erzähle
meine Wege, / und du erhörst mich; … lehre mich deine Rechte.
Un-terweise mich den Weg / deiner Befehle, so will ich / reden von
dein'n Wundern. … Ich gräme mich, dass mir das Herz /
verschmachtet; stärke mich / nach deinem Wort. Wende von mir /

den falschen Weg und gönn … mir dein Gesetz. Ich habe den / Weg der Wahrheit erwählt; / deine Rechte habe ich vor / mich gestellt. Ich hange … an deinen Zeugnissen; HERR, lass / mich nicht zu Schanden werd'n! / Wenn du mein Herz tröstest, so lau-fe ich den Weg deiner … Gebote. Zeige mir, HERR, den / Weg deiner Rechte, dass / ich sie bewahre bis ans En-de. Unterweise mich, … dass ich bewahre dein Gesetz / und halte es von gan-zem Herzen. Führe mich auf dem / Steige deiner Gebot; … denn ich habe Lust dazu. Nei-ge mein Herz zu deinen / Zeugnissen, und nicht zum Geiz. Wen-de meine Augen ab, … dass sie nicht sehen nach unnütz-er Lehre; sondern er-quick mich auf deinem Wege. Lass / deinen Knecht dein Gebot … fest für dein Wort halten, dass ich / dich fürchte. Wende von / mir die Schmach, die ich scheue; denn / deine Recht sind lieblich. … Siehe, ich begehre deiner / Befehle; erquicke / mich mit deiner Gerechtigkeit. / HERR, lass mir deine Gnad … widerfahren, deine Hilfe / nach deinem Wort, dass ich / antworten möge meinem Läst-erer; denn ich verlass … mich auf dein Wort. Und nimm ja nicht / von meinem Munde das / Wort der Wahrheit; denn ich hoffe / auf deine Rechte. Ich … will dein Gesetz halten alle-weg, immer und ewig. / Und ich wandle fröhlich; denn ich / such deine Befehle. … Ich rede von deinen Zeugnis-sen vor Königen und / schäme mich nicht und habe Lust / an deinen Geboten, … und sie sind mir lieb, und hebe / meine Hände auf zu / deinen Geboten, die mir lieb / sind, und red von deinen … Rechten. Gedenke deinem Knecht / an dein Wort, auf welches / du mich lässest hoffen. Das ist / mein Trost in mei'm Elend; … denn dein Wort erquickt mich. Die Stol-zen haben ihren Spott / an mir; dennoch weiche ich nicht / von deinem Gesetz. HERR, … wenn ich gedenke, wie du von / der Welt her gerichtet / hast, so werde ich getröstet. / Ich bin entbrannt über … die Gottlosen, die dein Gesetz / verlassen. Deine Recht / sind mein Lied in dem Hause mei-ner Wallfahrt. HERR, ich denk … des Nachts an deinen Namen und / halte dein Gesetz. Das / ist mein Schatz, dass ich deine Be-fehle halte. Ich hab … gesagt: „HERR, das soll mein Erbe / sein, dass ich

deine Wort / halte." Ich flehe vor deinem / Angesicht von ganzem …
Herzen; sei mir gnädig nach dei-nem Wort. Ich betrachte / meine
Wege und kehre mei-ne Füße zu deinen … Zeugnissen. Ich eile und
säu-me mich nicht, zu halten / deine Gebote. Der Gottlo-sen Rotte
beraubt mich; … aber ich vergesse deines / Gesetzes nicht. Und
zur / Mitternacht stehe ich auf, dir / zu danken für die Recht …
deiner Gerechtigkeit. Ich hal-te mich zu denen, die / dich fürchten
und deine Befeh-le halten. HERR, die Erd … ist voll deiner Güte;
lehre / mich deine Rechte. Du / tust Gutes deinem Knechte, HERR, /
nach deinem Wort. Lehre … mich heilsame Sitten und Er-kenntnis;
denn ich glaube / deinen Geboten. Ehe ich / gedemütigt ward, da …
irrte ich; nun aber halt ich / dein Wort. Du bist gütig / und
freundlich; lehr mich deine Rech-te. Die Stolzen dichten … Lügen
über mich; ich aber / halt von ganzem Herzen / deine Befehle. Ihr
Herz ist / dick wie Schmer; ich aber … habe Lust an deinem Gesetz.
/ Es ist mir lieb, dass du / mich gedemütigt hast, dass ich / deine
Rechte lerne. … Das Gesetz deines Mund's ist mir / lieber denn viel
tausend / Stück Gold und Silber. Deine Hand / hat mich gemacht
und mich … bereitet; unterweise mich, / dass ich deine Gebot /
lerne. Die dich fürchten, sehen / mich und freuen sich; denn … ich
hoffe auf dein Wort. HERR, ich / weiß, dass deine Gericht / recht
sind; du hast mich treulich ge-demütigt. Deine Gnad … müsse mein
Trost sein, wie du dei-nem Knecht zugesagt hast. / Lass mir deine
Barmherzigkeit / widerfahren, dass ich … lebe; denn ich habe Lust
zu / deinem Gesetz. Ach dass / die Stolzen müssten zu Schanden /
werden, die mich mit Lüg'n … niederdrücken! ich aber re-de von
deinen Befehl'n. / Ach dass sich müssten zu mir hal-ten, die dich
fürchten und … deine Zeugnisse kennen! Mein / Herz bleibe
rechtschaffen / in deinen Rechten, auf dass ich / nicht zu Schanden
werde. … Meine Seele verlangt nach dei-nem Heil; ich hoffe auf /
dein Wort. Meine Augen sehnen / sich nach deinem Wort und …
sagen: Wann tröstest du mich? Denn / ich bin wie ein Schlauch im /
Rauch; deiner Rechte vergesse / ich nicht. Wie lange soll … dein
Knecht warten? Wann wollest du / Gericht halten über / meine

Verfolger? Die Stolzen / graben mir Gruben, sie, ... die nicht sind nach deinem Gesetz. / Deine Gebote sind / eitel Wahrheit. Sie verfolgen / mich mit Lügen; hilf mir! ... Sie haben mich schier umgebracht / auf Erden; ich aber / verlasse deine Befehle / nicht. Erquicke mich durch ... deine Gnade, dass ich halte / die Zeugnisse deines / Mundes.

119 (2)   Psalm 119

HERR, dein Wort bleibet ewiglich, / soweit der Himmel ist; / deine Wahrheit währet für und / für. Du hast die Erde ... zugerichtet, und sie bleibt steh'n. / Es bleibt täglich nach dei'm / Wort; denn es muss dir alles die-nen. Wo dein Gesetz nicht ... mein Trost gewesen wäre, so / wäre ich vergangen / in meinem Elend. Ich will dei-ne Befehle nimmer ... vergessen; denn du erqickest / mich damit. Ich bin dein, / hilf mir! denn ich such deine Be-fehle. Die Gottlosen ... lauern auf mich, dass sie mich um-bringen; ich aber merk / auf deine Zeugnisse. Ich ha-be alles Dinges ein ... Ende gesehen; aber dein / Gebot währet. Wie hab / ich dein Gesetz so lieb! Täglich / rede ich davon. Du / machst mich mit deinem Gebot wei-ser, als meine Feinde / sind; denn es ist ewiglich mein / Schatz. Ich bin gelehrter ... denn alle meine Lehrer; denn / deine Zeugnisse sind / meine Rede. Ich bin klüger / denn die Alten; denn ich ... halte deine Befehle. Ich / wehr meinem Fuß alle / bösen Wege, dass ich dein Wort / halte. Ich weiche nicht ... von deinen Rechten; denn du leh-rest mich. Dein Wort ist mei'm / Munde süßer denn Honig. Dein / Wort macht mich klug; darum ... hasse ich alle falschen We-ge. Dein Wort ist meines / Fußes Leuchte und ein Licht auf / meinem Wege. Ich schwör ... und will's halten, dass ich die Rech-te deiner G'rechtigkeit / halten will. Ich bin sehr gede-mütigt; HERR, erquicke ... mich nach deinem Wort! Lass dir ge-fallen, HERR das willig / Opfer meines Mundes und leh-re mich deine Rechte. ... Ich trag meine Seele immer / in meinen Händen, und / ich vergesse deines Geset-zes nicht. Die Gottlosen … legen mir Stricke; ich aber / irre nicht von deinen / Befehlen. Deine Zeugnisse / sind mein ewiges Erb; … denn sie sind meines Herzens Won-ne. Ich neige mein Herz, / zu tun nach deinen Rechten im-mer und ewiglich. Ich … hasse die Flattergeister und / liebe dein Gesetz. Du / bist mein Schirm und Schild; ich hoffe / auf dein Wort. Weichet von … mir, ihr Boshaften! Ich will hal-ten die Gebot meines / Gottes. Erhalte mich durch dein / Wort, dass ich lebe; und … lass mich nicht zu Schanden werden / über meiner Hoffnung. / Stärke mich, dass ich genese, / so will ich stets meine … Lust haben an deinen Rechten. / Du zertrittst alle, die / von deinen Rechten abirren; / denn ihre Trügerei … ist eitel Lüge. Du wirfst al-le Gottlosen auf Erd'n / weg wie Schlacken; darum liebe / ich deine Zeugnisse. … Ich fürchte mich vor dir, dass mir / die Haut schaudert, und ent-setze mich vor deinen Gerich-ten. Ich halte über … Recht und Gerechtigkeit; über-gib mich nicht denen, die / mir woll'n Gewalt tun. Vertritt du / deinen Knecht und tröst ihn; … mögen mir die Stolzen nicht Ge-walt tun. Meine Augen / sehnen sich nach deinem Heil und / nach dem Worte deiner … Gerechtigkeit. Handle mit dei-nem Knechte nach deiner / Gnade und lehre mich deine / Rechte. Ich bin dein Knecht; … unterweise mich, dass ich er-kenne deine Zeugnis. / Es ist Zeit, dass der HERR dazu-tue; sie haben dein … Gesetz zerrissen. Darum lieb / ich dein Gebot über / Gold und über feines Gold. Da-rum halte ich stracks all … deine Befehle; ich hass al-len falschen Weg. Deine / Zeugnisse sind wunderbar; da-rum hält sie meine Seel. … Wenn dein Wort offenbar wird, so / erfreut es und macht klug / die Einfältigen. Ich sperre / meinen Mund auf und lechz … nach deinen Geboten; denn mich / verlangt darnach. Wende / dich zu mir und sei mir gnädig, / wie du pflegst zu tun den'n, … die deinen Namen lieben. Lass / meinen Gang gewiss sein / in deinem Wort und lass kein Un-recht über mich herrschen. … Erlös mich von der Menschen Fre-vel, so will ich halten / deine Befehle. Lass dein Ant-litz leuchten über dein'n … Knecht und lehr mich deine Rechte. / Meine Aug'n fließen mit / Wasser, dass man dein

Gesetz nicht / hält. HERR, du bist gerecht, … dein Wort ist recht. Du hast die Zeug-nis deiner G'rechtigkeit / und die Wahrheit hart geboten. / Ich habe mich schier zu … Tode geeifert, dass meine / Widersacher deiner / Worte vergessen. Dein Wort ist / wohl geläutert, und dein … Knecht hat es lieb. Ich bin gering / und verachtet; ich ver-gess aber nicht deiner Befehl. / Deine Gerechtigkeit … ist eine ewige Gerech-tigkeit, und dein Gesetz / ist Wahrheit. Angst und Not haben / mich getroffen; ich hab … aber Lust an deinen Gebo-ten. Die Gerechtigkeit / deiner Zeugnisse ist ewig; / unterweise mich, so … lebe ich. Ich rufe von gan-zem Herzen; erhör mich, / HERR, dass ich deine Rechte hal-te. Ich rufe zu dir; … hilf mir, dass ich deine Zeugnis-se halte. Ich komme / in der Frühe und schreie; auf / dein Wort hoffe ich. Ich … wache auf, wenn's noch Nacht ist, zu / sinnen über dein Wort. / Höre meine Stimme nach dei-ner Gnade; HERR, erquick … mich nach deinen Rechten. Meine / boshaften Verfolger / nahen herzu und sind ferne / von deinem Gesetz. HERR, … du bist nahe, und deine Ge-bot sind eitel Wahrheit. / Längst weiß ich, dass du deine Zeug-nis für ewig gründ't hast. … Siehe mein Elend und erret-te mich; hilf mir aus, denn / ich vergesse deines Gesetz-es nicht. Führe meine … Sache und erlöse mich; er-quicke mich durch dein Wort. / Das Heil ist ferne von den Gott-losen; denn sie achten … deine Rechte nicht. HERR, deine / Barmherzigkeit ist groß; / erquicke mich nach deinen Rech-ten. Meiner Verfolger … und Widersacher sind viele; / ich weiche aber nicht / von deinen Zeugnissen. Ich se-he die Verächter, und … es tut mir wehe, dass sie dein / Wort nicht halten. Siehe, / ich liebe deine Befehle; / HERR, erquicke mich nach … deiner Gnade. Dein Wort ist nichts / denn Wahrheit; alle Recht / deiner Gerechtigkeit währen / ewiglich. Die Fürsten … verfolgen mich ohne Ursach-e, und mein Herz fürchtet / sich vor deinen Worten. Ich freu-e mich über dein Wort … wie einer, der eine große / Beute kriegt. Lügen bin / ich gram und habe Greuel da-ran; aber dein Gesetz … habe ich lieb. Ich lobe dich / des Tages siebenmal / um der Rechte willen deiner / Gerechtigkeit. Großen … Frieden haben, die dein Gesetz / lieben; sie werden nicht / straucheln. HERR, ich warte auf dein / Heil und tue nach dein'n … Geboten. Meine Seele hält / deine Zeugnisse und / liebt sie sehr. Ich halte deine / Befehle und deine … Zeugnisse; denn alle meine / Wege sind vor dir. HERR, / lass meine Klage vor dich kom-men; unterweise mich … nach deinem Wort. Lass mein Flehen / vor dich kommen; errett / mich nach deinem Wort. Meine Lip-pen sollen loben, wenn … du mich deine Rechte lehrest. / Meine Zunge soll ihr / Gespräch haben von deinem Wort; / denn all deine Gebot … sind recht. Lass mir deine Hand bei-stehen; denn ich habe / erwählt deine Befehle. HERR, / mich verlangt nach deinem … Heil, und ich habe Lust an dei-nem Gesetz. Lass meine / Seele leben, dass sie dich lo-be, und deine Rechte … mir helfen. Ich bin ein verirr-tes und verlor'nes Schaf. / Such deinen Knecht; denn ich vergess / deiner Gebote nicht.

120   **Psalm 120**

Ein Lied im höhern Chor.

Ich rufe zu dem HERRN in mei-ner Not, und er erhört / mich. HERR, errette meine See-le von den Lüg'nmäulern, … von den falschen Zungen. Was kann / dir die falsche Zung tun, / was kann sie ausrichten? Sie ist / wie scharfe Pfeil eines … Starken, wie Feuer in Wachhol-dern. Wehe mir, dass ich / ein Fremdling bin unter Me-sech; ich muss wohnen unter … den Hütten Kedars. Es wird mei-ner Seele lang, zu wohn'n … bei denen, die den Frieden has-sen. Ich halte Frieden; … aber wenn ich rede, so fan-gen sie Krieg an.

121   Psalm 121

Ein Lied im höhern Chor.

Ich heb meine Augen auf zu / den Bergen von welchen / mir Hilfe kommt. Meine Hilfe / kommt vom HERRN, der Himmel … und Erde gemacht hat. Er wird / deinen Fuß nicht gleiten / lassen; und der dich behütet / schläft nicht. Sieh, der Hüter … Israels schläft noch schlummert nicht. / Der HERR behütet dich; / der HERR ist dein Schatten über / deiner rechten Hand, dass … dich des Tages die Sonne nicht / steche noch der Mond des / Nachts. Der HERR behüt dich vor al-lem Übel, er behüt … deine Seele; der HERR behü-te deinen Ausgang und / Eingang von nun an bis in E-wigkeit.

122   Psalm 122

Ein Lied Davids im höhern Chor.

Ich freute mich über die, so / mir sagten: Lasset uns / ins Haus des HERRN gehen! Unsre / Füße steh'n in deinen … Toren, Jerusalem. Jeru-salem ist gebaut, dass / es eine Stadt sei, da man zu-sammenkommen soll, da … die Stämme hinaufgehen, die / Stämme des HERRN, wie es / geboten ist dem Volk Isra-el, zu danken dem Nam'n … des HERRN. Denn daselbst stehen die / Stühle zum Gericht, die / Stühle des Hauses David. Wün-schet Jerusalem Glück! … Es mög wohl geh'n denen, die dich / lieben! Es mög Friede / sein in deinen Mauern und Glück / in deinen Palästen! … Um meiner Brüder und Freunde / willen will ich dir Fried'n / wünschen. Um des Hauses willen / des HERRN, unsers Gottes, … will ich dein Bestes suchen.

123   Psalm 123

Ein Lied im höhern Chor.

Ich hebe meine Augen auf / zu dir, der du im Him-mel sitzest. Siehe! wie die Au-gen der Knechte auf die … Hände ihrer Herren sehen, / wie die Augen der Magd / auf die Hände ihrer Frau, al-so sehen unsre Aug'n … auf den HERRN, unsern Gott, bis er / uns gnädig werde. Sei / uns gnädig, HERR, sei uns gnädig! / denn wir sind hier sehr voll … Verachtung. Sehr voll ist unsre / Seele von der Stolzen / Spott und der Hoffärtigen Ver-achtung.

124   Psalm 124

Ein Loblied im höhern Chor.

Wo der HERR nicht bei uns wäre / – so sage Israel –, / wo der HERR nicht bei uns wär, wenn / die Menschen sich wider … uns setzen: so verschlängen sie / uns lebendig, wenn ihr / Zorn über uns ergrimmte; so / ersäufte uns Wasser, … Ströme gingen über unsre / Seele; es ging'n Wasser / allzu hoch über unsre See-le. Gelobet sei der … HERR, dass er uns nicht gibt zum Raub / in ihre Zähn! Unsre / Seele ist entronnen wie ein / Vogel dem Stricke des … Voglers; der Strick ist zerrissen, / und wir sind los. Unsre / Hilf steht im Namen des HERRN, der / Himmel und Erd g'macht hat.

125   Psalm 125

Ein Lied im höhern Chor.

Die auf den HERRN hoffen, die wer-den nicht fallen, sondern / ewig bleiben wie der Berg / Zion. Um Jerusalem … her sind Berge, und der HERR ist / um sein Volk her von nun / an bis in Ewigkeit.

Denn der / Gottlosen Zepter wird … nicht bleib'n überm Häuflein der Ge-rechten, auf dass die Ge-rechten ihre Hand nicht ausstrecken / zur Ung'rechtigkeit. … HERR, tue wohl den guten und / frommen Herzen! Doch die / abweichen auf ihre krummen / Wege, die wird der HERR … wegtreiben mit den Übeltä-tern. Friede sei über / Israel!

126   Psalm 126

Ein Lied im höhern Chor.

Wenn der HERR die Gefangenen / Zions erlösen wird, / so werden wir sein wie die Träu-menden. Dann wird unser … Mund voll Lachens und unsere / Zunge voll Rühmens sein. / Da wird man sag'n unter den Hei-den: Der HERR hat Großes … an ihnen getan! Der HERR hat / Großes an uns getan; / des sind wir fröhlich. HERR, bring wie-der unsre Gefang'nen, … wie du die Bäche wiederbringst / im Mittagslande. Die / mit Tränen sä'n, werden mit Freu-den ernten. Sie gehen … hin und weinen und tragen ed-len Samen und kommen / mit Freuden und bringen ihre / Garben.

127   Psalm 127

Ein Lied Salomos im höhern Chor.

Wo der HERR nicht das Haus baut, so / arbeiten umsonst, die / daran bauen. Wo der HERR nicht / die Stadt behütet, so … wacht der Wächter umsonst. Es ist / umsonst, dass ihr früh auf-stehet und hernach lange sitz-et und esset euer … Brot mit Sorgen; denn seinen Freun-den gibt er's schlafend. Sieh, / Kinder sind eine Gabe des / HERRN, und Leibesfrucht ist … ein Geschenk. Wie die Pfeile in / der Hand eines Starken, / also geraten die jungen / Knaben. Wohl dem, der sein'n … Köcher derselben voll hat! Die / werden nicht zu Schanden, / wenn sie mit ihren Feinden han-deln im Tor.

128   **Psalm 128**

Ein Lied im höhern Chor.

Wohl dem, der den HERRN fürchtet und / auf seinen Wegen geht! / Du wirst dich nähren deiner Hän-de Arbeit; wohl dir, du … hast es gut. Dein Weib wird sein wie / ein fruchtbarer Weinstock / drinnen in deinem Hause, dei-ne Kinder wie Ölzweig … um deinen Tisch her. Siehe, al-so wird gesegnet der / Mann, der den HERRN fürcht. Der HERR wird / dich segnen aus Zion, … dass du siehst das Glück Jerusa-lems dein Leben lang und / siehst deiner Kinder Kinder. Frie-de über Israel!

129   **Psalm 129**

Ein Lied im höhern Chor.

Sie haben mich oft gedrängt von / meiner Jugend auf – so / sag Israel –, sie haben mich / oft gedrängt von meiner … Jugend auf; aber sie haben / mich nicht übermocht. Die / Pflüger hab'n auf meinen Rücken / geackert und ihre … Furchen lang gezogen. Der HERR, / der gerecht ist, hat der / Gottlosen Seile abgehauen. / Ach dass müssten zu … Schanden werden und zurückkehr'n / alle, die Zion gram / sind! Ach dass sie müssten sein wie / das Gras auf den Dächern, … welches verdorrt, ehe man es / ausrauft, von welchem der / Schnitter seine Hand nicht füllt noch / der Garbenbinder sein'n … Arm und die vorübergehen / nicht sprechen: „Der Segen / des HERRN sei über euch! wir seg-nen euch im Nam'n des HERRN"!

130   Psalm 130

Ein Lied im höhern Chor.

Aus der Tiefe rufe ich, HERR, / zu dir. HERR, höre auf / meine Stimme, lass deine Oh-ren merken auf die Stimm … meines Flehens! So du willst, HERR, / Sünden zurechnen, HERR, / wer wird bestehen? Denn bei dir / ist die Vergebung, dass … man dich fürchte. Ich harre des / HERRN; meine Seele harrt, / und ich hoffe auf sein Wort. Mei-ne Seele wartet auf … den HERRN von einer Morgenwach-e bis zur anderen. / Israel, hoffe auf den HERRN! / denn bei dem HERRN ist die … Gnad und viel Erlösung bei ihm, / und er wird Israel / erlösen aus allen seinen / Sünden.

131   Psalm 131

Nach dem Lied Davids im höhern Chor.

HERR, mein Herz ist nicht hoffärtig, / und meine Augen sind / nicht stolz; ich wandle nicht in gro-ßen Dingen, die mir zu … hoch sind. Ja, ich habe meine / Seele gesetzt und ge-stillt; so ist meine Seele in / mir wie ein entwöhntes … Kind bei seiner Mutter. Isra-el, hoffe auf den HERRN / von nun an bis in Ewigkeit!

132   Psalm 132

Ein Lied im höhern Chor.

Gedenke, HERR, an David und / all sein Leiden, der dem / HERRN schwur und gelobte dem Mäch-tigen Jakobs: „Ich will … nicht in die Hütte meines Hau-ses gehen noch mich aufs / Lager meines Bettes legen, / ich will meine Aug'n nicht … schlafen lassen noch meine Au-genlider schlummern, bis / ich eine Stätte finde für / den

HERRN, zur Wohnung dem … Mächtigen Jakobs." Siehe, wir / hörten von ihr in Eph-ratha; wir haben sie gefun-den auf dem Feld des Wald's. … Wir wollen in seine Wohnung / gehen und anbeten / vor seinem Fußschemel. HERR, mach-e dich auf zu deiner … Ruhe, du und die Lade dei-ner Macht! Deine Priester / lass sich kleiden mit Gerechtig-keit und deine Heil'gen … sich freuen. Wend nicht weg das Ant-litz deines Gesalbten / um deines Knechtes David wil-len. Der HERR hat David … einen wahren Eid geschworen / – und davon wird er sich / nicht wenden –: „Ich will dir auf dei-nen Stuhl setzen die Frucht … deines Leibes. Werd'n deine Kin-der meinen Bund halten / und mein Zeugnis, das ich sie leh-ren werde, so sollen … auch ihre Kinder auf deinem / Stuhl sitzen ewiglich." / Denn der HERR hat Zion erwählt / und hat Lust, daselbst zu … wohnen. „Dies ist meine Ruhe / ewiglich, hier will ich / wohnen; denn es gefällt mir wohl. / Ich will ihre Speise … segnen und ihren Armen Brot / genug geben. Ihre / Priester will ich mit Heil kleiden, / und ihre Heiligen … soll'n fröhlich sein. Daselbst soll auf-gehen das Horn Davids; / ich habe meinen Gesalbten / eine Leucht zugericht. … Seine Feind will ich mit Schanden / kleiden; aber über / ihm soll blühen seine Krone."

133   **Psalm 133**

Nach dem Lied Davids im höhern Chor.

Siehe, wie fein und lieblich ist's, / dass Brüder einträchtig / beieinander wohnen! wie der / köstliche Balsam ist, … der vom Haupt Aarons herabfließt / in seinen ganzen Bart, / der herabfließt in sein Kleid, wie / der Tau, der vom Hermon … herabfällt auf die Berge Zi-ons. Denn daselbst verheißt / der HERR Segen und Leben im-mer und ewiglich.

134   Psalm 134

Ein Lied im höhern Chor.

Siehe, lobet den HERRN, alle / Knechte des HERRN, die ihr / stehet des Nachts im Hause des / HERRN! Hebet eure Händ … auf im Heiligtum und lobet / den HERRN! Der HERR segne / dich aus Zion, der Himmel und / Erde gemacht hat!

135   Psalm 135

Halleluja! Lobet den Na-men des HERRN, lobet, ihr / Knechte des HERRN, die ihr stehet / im Hause des HERRN, in … den Höfen des Hauses unsers / Gottes! Lobet den HERRN, / denn der HERR ist freundlich; lobsin-get seinem Namen, denn … er ist lieblich! Denn der HERR hat / sich Jakob erwählt, und / Israel zu seinem Eigen-tum. Denn ich weiß, dass der … HERR groß ist und unser HERR vor / allen Göttern. Alles, / was er will, das tut er, im Him-mel und auf Erden, im … Meer und in allen Tiefen; der / die Wolken lässt aufsteig'n / vom Ende der Erde, der die / Blitze samt dem Regen … macht, der den Wind aus seinen Vor-ratskammern kommen lässt; / der die Erstgeburten schlug in / Ägypten, beider, der … Menschen und des Viehs, und ließ sei-ne Zeichen und Wunder / kommen über dich, Ägypten-land, über Pharao … und alle seine Knechte; der / viele Völker schlug und / tötete mächtige Köni-ge: Sihon, den König … der Amoriter, und Og, den / König von Basan, und / alle Königreiche in Kana-an; und gab ihr Land … zum Erbe, zum Erbe seinem / Volk Israel. HERR, dein / Name währet ewiglich; dein / Gedächtnis, HERR, währet … für und für. Denn der HERR wird sein / Volk richten und seinen … Knechten gnädig sein. Der Heiden / Götzen sind Silber und … Gold, von Menschenhänden gemacht. / Sie haben Mäuler, und / reden nicht; sie haben Augen, / und sehen nicht; sie hab'n … Ohren, und hören nicht; auch ist / kein

Odem in ihrem / Munde. Die solche machen, sind / gleich also, alle, die … auf solche hoffen. Das Haus Is-rael lobe den HERRN! / Lobet den HERRN, ihr vom Hause / Aaron! Ihr vom Hause … Levi, lobet den HERRN! Die ihr / den HERRN fürchtet, lobet / den HERRN! Gelobet sei der HERR / aus Zion, er der zu … Jerusalem wohnt! Hallelu-ja!

136   **Psalm 136**

Danket dem HERRN; denn er ist freund-lich – denn seine Güte / währet ewiglich. Ja, danket / dem Gott aller Götter … – denn seine Güte währet e-wiglich. Danket dem HERRN / aller Herren – denn seine Gü-te währet ewiglich –, … der große Wunder tut allein / – denn seine Güte währt / ewiglich –; der die Himmel weis-lich g'macht hat – denn seine … Güte währet ewiglich –; der / die Erde auf Wasser / ausgebreitet hat – denn seine / Güte währt ewiglich –; … der große Lichter gemacht hat / – denn seine Güte währt / ewiglich –: die Sonne, dem Tag / vorzusteh'n – denn seine … Güte währet ewiglich –, den / Mond und Sterne, der Nacht / vorzustehen – denn seine Gü-te währet ewiglich –; … der Ägypten schlug an ihren / Erstgeburten – denn sei-ne Güte währet ewiglich – / und führte Israel … heraus – denn seine Güte währ-et ewiglich – durch mäch-tige Hand und ausgerecktem / Arm – denn seine Güte … währet ewiglich –; der das Schilf-meer teilte in zwei Teil / – denn seine Güte währt ewig-lich – und ließ Israel … hindurchgehen – denn seine Gü-te währet ewiglich –; / der Pharao und sein Heer ins / Schilfmeer stieß – denn seine … Güte währet ewiglich –; der / sein Volk führte durch die / Wüste – denn seine Güte währt / ewiglich –; der große … Könige schlug – denn seine Gü-te währet ewiglich – / und erwürgte mächtige Kö-nige – denn seine Güt … währet ewiglich –: Sihon, der / Amoriter König – / denn seine Güte währt ewig-lich – und Og, den König … von Basan – denn seine Güte / währet ewiglich –, und / gab ihr Land zum Erbe – denn sei-ne Güt währt ewiglich –, ... zum Erbe seinem Knecht Isra-el – denn seine Güte / währet ewiglich –; denn er dach-te an uns, da wir so ... unterdrückt waren – denn seine / Güte währt ewiglich –; / und erlöste uns von unsern / Feinden – denn seine Güt ... währet ewiglich –; der allem / Fleisch Speise gibt – denn sei-ne Güte währet ewiglich. / Dankt dem Gott des Himmels ... – denn seine Güte währet e-wiglich.

137   Psalm 137

An den Wassern zu Babel sa-ßen wir und weinten, wenn / wir an Zion gedachten. Un-sere Harfen hingen / wir an die Weiden, die daselbst / sind. Denn dort hießen uns / singen, die uns gefangen hiel-ten, und in unserm Heul'n ... fröhlich sein: „Singet uns ein Lied / von Zion!" Wie sollten / wir des HERRN Lied singen in frem-den Landen? Vergess ich ... dein, Jerusalem, so werd mei-ner Rechten vergessen. / Meine Zunge soll an meinem / Gaumen kleben, wo ich ... dein nicht gedenke, wo ich nicht / lasse Jerusalem / meine höchste Freude sein. HERR, / gedenke der Kinder ... Edom den Tag Jerusalems, / die da sagten: „Rein ab, / rein ab bis auf ihren Boden!" / Du verstörte Tochter ... Babel, wohl dem, der dir vergilt, / wie du uns getan hast! / Wohl dem, der deine jungen Kin-der nimmt und zerschmettert ... sie an dem Stein!

138   Psalm 138

Nach dem Psalm Davids.

Ich danke dir von ganzem Her-zen; vor den Göttern will / ich dir lobsingen. Ich will an-beten zu dei'm heil'gen ... Tempel und deinem Namen dan-ken für deine Güte / und Treue; denn du hast deinen / Namen über alles ... herrlich gemacht durch dein Wort. Wenn / ich dich anrufe, so / erhörst du mich und gibst meiner / Seele große Kraft. Es … danken dir, HERR, alle Köni-ge auf Erden, dass sie / hören das Wort deines Mundes, / und singen auf den Weg'n … des HERRN, dass die Ehre des HERRN / groß sei. Denn der HERR ist / hoch und sieht auf das Niedrige / und kennt die Stolzen von … ferne. Wenn ich mitten in der / Angst wandle, so erquickst / du mich und streckst deine Hand ü-ber den Zorn meiner Feind … und hilfst mir mit deiner Rechten. / Der HERR wird's für mich voll-führen. HERR, deine Güte ist / ewig. Das Werk deiner … Hände wollest du nicht lassen.

139   **Psalm 139**

Nach dem Psalm Davids, vorzusingen.

HERR, du erforschest mich und ken-nest mich. Ich sitz oder / steh auf, so weißt du es; du ver-stehst meine Gedanken … von ferne. Ich gehe oder / liege, so bist du um / mich und siehest alle meine / Wege. Denn siehe, es … ist kein Wort auf meiner Zunge, / das du, HERR, nicht alles / wissest. Von all'n Seiten umgibst / du mich und hältst deine … Hand über mir. Solche Erkennt-nis ist mir zu wunder-bar und zu hoch; ich kann sie nicht / begreifen. Wo soll ich … hin gehen vor deinem Geist, und / wo soll ich hin fliehen / vor deinem Angesicht? Führe / ich gen Himmel, so bist … du da. Bettete ich mir in / die Hölle, siehe, so / bist du auch da. Nähme ich Flü-gel der Morgenröte … und bliebe am äußersten Meer, / so würd mich doch deine / Hand daselbst führ'n und deine Rech-te mich halten. Spräch ich: … Finsternis möge mich decken! / so muss die Nacht auch Licht / um mich sein. Denn auch Finsternis / nicht finster ist bei dir, … und die Nacht leuchtet wie der Tag, / Finsternis ist wie das / Licht. Denn du hast meine Nieren / bereitet und hast mich … gebildet im Mutterleibe. / Ich danke dir dafür, / dass ich wunderbar gemacht bin; / wunderbar sind deine … Werke, und das erkennt meine / Seele wohl. Es war dir / mein Gebein nicht verhohlen, da / ich im Verborgenen …gemacht ward, da ich gebildet

/ ward unten in der Erd. / Deine Augen sahen mich, da / ich noch unbereitet … war, und alle Tage waren / auf dein Buch geschrieben, / die noch werden sollten, als der-selben keiner da war. … Aber wie köstlich sind vor mir, / Gott, deine Gedanken! / Wie ist ihrer so eine gro-ße Summe! Sollte ich … sie zählen, so würde ihrer / mehr sein denn des Sandes. / Wenn ich aufwache, bin ich noch / bei dir. Ach Gott, dass du … tötetest die Gottlosen, und / die Blutgierigen von / mir weichen müssten! Denn sie re-den von dir lästerlich, … und deine Feinde erheben / sich ohne Ursache. / Ich hasse ja, HERR, die dich has-sen, und es verdrießt mich … an ihnen, dass sie sich wider / dich setzen. Ich hasse / sie im rechten Ernst; sie sind mir / zu Feinden geworden. … Erforsche mich, Gott, und erfah-re mein Herz; prüfe mich / und erfahre, wie ich's meine. / Und siehe, ob ich auf … bösem Wege bin, und leite / mich auf ewigem Weg.

140   Psalm 140

Nach dem Psalm Davids, vorzusingen.

Errette mich, HERR, von den bö-sen Menschen; behüte / mich vor den freveln Leuten, die / Böses gedenken in … ihrem Herzen und täglich Krieg / erregen. Sie schärfen / ihre Zunge wie eine Schlan-ge; Otterngift ist un-ter ihren Lippen. (Zwischenspiel)
Bewahre mich, HERR, vor der Hand / der Gottlosen; behüt / mich vor den freveln Leuten, die / meinen Gang gedenken … umzustoßen. Die Hoffärti-gen legen mir Stricke / und breiten mir Seile aus zum / Netz und stellen mir Fall'n … an den Weg. (Zwischenspiel)
Ich aber sage zum HERRN: Du / bist mein Gott; HERR, vernimm / die Stimme meines Flehens! HERR / Herr, meine starke Hilf, … du beschirmst mein Haupt zur Zeit des / Streits. HERR, lass dem Gottlo-sen seine Begierde nicht; stär-ke seinen Mutwillen … nicht: sie möchten sich des über-heben. (Zwischenspiel)

Das Unglück, davon meine Fein-de ratschlagen, müsse / auf ihren Kopf fallen. Er wird / Strahl'n über sie schütten; … er wird sie mit Feuer tief in / die Erde schlagen, dass / sie nicht mehr aufstehen. Ein bö-ses Maul wird kein Glück hab'n … auf Erden; ein frevler, böser / Mensch wird verjagt und ge-stürzt werden. Denn ich weiß, dass der / HERR wird des Elenden … Sache und der Armen Recht aus-führen. Auch werden die / Gerechten deinem Namen dan-ken, und die Frommen werd'n … vor deinem Angesicht bleiben.

141   **Psalm 141**

Nach dem Psalm Davids.

HERR, ich rufe zu dir; eile / zu mir; vernimm meine / Stimme, wenn ich dich anrufe. / Mein Gebet müsse vor … dir taugen wie ein Räuchopfer, / mein Händeaufheben / wie ein Abendopfer. HERR, be-hüte meinen Mund und … bewahr meine Lippen. Neig mein / Herz nicht auf etwas Bös's, / ein gottloses Wesen zu führ'n / mit den Übeltätern, … dass ich nicht esse von dem, was / ihnen geliebt. Der Ge-rechte schlage mich freundlich und / strafe mich; das wird mir …so wohl tun wie Balsam auf mei-nem Haupt; denn ich bete / stets, dass sie mir nicht Schaden tun. / Ihre Führer müssen … gestürzt werden über einen / Fels; so wird man dann mei-ne Rede hören, dass sie lieb-lich sei. Unsre Gebein … sind zerstreut bis zur Hölle, wie / wenn einer das Land pflügt / und zerwühlt. Denn auf dich, HERR Herr, / sehen meine Augen; … ich traue auf dich, verstoße / meine Seele nicht. Be-wahre mich vor dem Stricke, den / sie mir gelegt haben, … und von der Falle der Übel-täter. Die Gottlosen / müssen in ihr eigen Netz fal-len miteinander, ich … aber immer vorübergeh'n.

142   Psalm 142

Nach der Unterweisung Davids, ein Gebet, da er in der Höhle war.

Ich schreie zum HERRN mit meiner / Stimme; ich flehe zum / HERRN mit meiner Stimme; ich schüt-te meine Rede vor … ihm aus und zeige an vor ihm / meine Not. Wenn mein Geist / in Ängsten ist, so nimmst du dich / meiner an. Sie legen … mir Stricke auf dem Wege, da-rauf ich gehe. Schaue / zur Rechten und siehe! da will / mich niemand kennen. Ich … kann nicht entfliehen; niemand nimmt / sich meiner Seele an. / HERR, zu dir schrei ich und sag: Du / bist meine Zuversicht, … mein Teil im Lande der Leben-digen. Merke auf mei-ne Klage, denn ich werde sehr / geplagt; errette mich … von meinen Verfolgern, denn sie / sind mir zu mächtig. Führ / meine Seele aus dem Kerker, / dass ich danke deinem … Namen. Die Gerechten werden / sich zu mir sammeln, wenn / du mir wohltust.

143   Psalm 143

Nach dem Psalm Davids.

HERR, erhöre mein Gebet, ver-nimm mein Fleh'n um deiner / Wahrheit willen, erhör mich um / deiner Gerechtigkeit … willen und gehe nicht ins Ge-richt mit deinem Knechte; / denn vor dir ist kein Lebendi-ger gerecht. Denn der Feind … verfolgt meine Seele und schlägt / mein Leben zu Boden; / er legt mich ins Finstere wie / die, so längst tot sind. Und … mein Geist ist in mir geängstet; / mein Herz ist mir in mei'm / Leibe verzehrt. Ich gedenk an / die vorigen Zeiten; … ich rede von allen deinen / Taten und sage von / den Werken deiner Hände. Ich / breite meine Hände … aus zu dir; meine Seele dürs-tet nach dir wie ein dürr's / Land. (Zwischenspiel) HERR, erhöre mich bald, mein Geist / vergeht; verbirg dein Ant-litz nicht von mir, dass ich nicht gleich / werde denen, die in … die

Grube fahren. Lass mich frü-he hören deine Gnad; / denn ich hoffe auf dich. Tue / mir kund den Weg, darauf … ich gehen soll; denn mich verlangt / nach dir. Errette mich, / mein Gott, von meinen Feinden; zu / dir habe ich Zuflucht. … Lehre mich tun nach deinem Wohl-gefallen, denn du bist / mein Gott; dein guter Geist führe / mich auf ebener Bahn. … HERR, erquicke mich um deines / Namens willen; führe / meine Seele aus der Not um / deiner Gerechtigkeit … willen und verstöre meine / Feinde um deiner Güt / willen und bringe um alle, / die meine Seel ängsten; … denn ich bin dein Knecht.

144   Psalm 144

Nach dem Psalm Davids.

Gelobet sei der HERR, mein Hort, / der meine Hände lehrt / streiten und meine Fäuste krie-gen, meine Güte und … meine Burg, mein Schutz und mein Er-retter, mein Schild, auf den / ich traue, der mein Volk unter / mich zwingt. HERR, was ist der … Mensch, dass du dich sein annimmst, und / des Menschen Kind, dass du / ihn so achtest? Ist doch der Mensch / gleich wie nichts; seine Zeit … fährt dahin wie ein Schatten. HERR, / neige deine Himmel / und fahre herab; rühre die / Berg an, dass sie rauchen; … lass blitzen und zerstreue sie; / schieße deine Strahlen / und schrecke sie; strecke deine / Hand aus von der Höhe … und erlöse mich und errett / mich von großen Wassern, / von der Hand der Kinder der Frem-de, deren Mund redet … unnütz, und ihre Werke sind / falsch. Gott, ich will dir ein / neues Lied singen, ich will dir / spielen auf dem Psalter … von zehn Saiten, der du den Kö-nigen Sieg gibst und er-lösest deinen Knecht David vom / mörderischen Schwert des … Bösen. Erlöse mich auch und / errette mich von der / Hand der Kinder der Fremde – de-ren Mund redet unnütz, … und ihre Werke sind falsch –, dass / unsere Söhne auf-wachsen in ihrer Jugend wie / die Pflanzen, und unsre … Töchter seien wie die ausge-hauenen Erker, wo-mit man Paläste ziert; dass un-sere Kammern voll sei'n … und herausgeb'n können einen / Vorrat nach dem andern; / dass unsere Schafe tragen / tausend und zehntausend … auf unseren Triften; dass un-sere Ochsen viel er-arbeiten; dass kein Schade, kein / Verlust noch Klage auf … unsern Gassen sei. Wohl dem Volk, / dem es also geht! Wohl / dem Volk, des Gott der HERR ist!

145   Psalm 145

Nach dem Lob Davids.

Ich will dich erheben, mein Gott, / du König, und deinen / Namen lob'n immer und ewig-lich. Ich will dich täglich … loben und deinen Namen rüh-men immer und ewig. / Der HERR ist groß und sehr löblich, / und seine Größe ist … unausforschlich. Kindeskinder / werden deine Werke / preisen und von deiner Gewalt / sagen. Ich will reden … von deiner herrlichen schönen / Pracht und von dein'n Wundern, / dass man soll sagen von deinen / herrlichen Taten und … dass man erzähle deine Herr-lichkeit; dass man preise / deine große Güte und dei-ne Gerechtigkeit rühm. … Gnädig und barmherzig ist der / HERR, geduldig und von / großer Güte. Der HERR ist al-len gütig und erbarmt … sich aller seiner Werke. Es / sollen dir danken, HERR, / alle deine Werke und dei-ne Heiligen dich lob'n … und die Ehre deines König-reiches rühmen und von / deiner Gewalt reden, dass den / Menschenkindern deine … Gewalt kund werd und die herrlich / Pracht deines Königreichs. / Dein Reich ist ein ewiges Reich, / und deine Herrschaft währt … für und für. Der HERR erhält al-le, die da fallen, und / richtet auf alle, die nieder-geschlagen sind. Aller … Augen warten auf dich, und du / gibst ihnen ihre Speis / zu seiner Zeit. Du tust deine / Hand auf und erfüllest … alles, was lebt, mit Wohlgefall'n. / Der HERR ist gerecht in / allen seinen Wegen und hei-lig in allen seinen … Werken. Der HERR ist nahe al-len, die ihn anrufen, / allen, die ihn mit Ernst anru-fen. Und er tut, was die …Gottesfürchtigen begehren, / und hört ihr Schreien und / hilft ihnen. Der HERR behütet / alle, die ihn lieben, … und wird vertilgen alle Gott-losen. Mein Mund soll des / HERRN Lob sagen, und alles Fleisch / lobe seinen heil'gen … Namen immer und ewiglich.

146 Psalm 146

Halleluja! Lobe den HERRN, / meine Seele! Ich will / den HERRN loben, solange ich / lebe, und meinem Gott … lobsingen, solange ich hier / bin. Verlasst euch nicht auf / Fürsten; sie sind Menschen, die kön-nen ja nicht helfen. Denn … des Menschen Geist muss davon, und / er muss wieder zu Erd / werden; alsdann sind verloren / alle seine Anschläg. … Wohl dem, des Hilfe der Gott Ja-kobs ist; des Hoffnung auf / den HERRN, seinem Gott, steht; der Him-mel, Erd, Meer und alles, … was d'rinnen ist, gemacht hat; der / Glauben hält ewig; der / Recht schafft denen, so Gewalt lei-den; der die Hungrig'n speist. … Der HERR löst die Gefangenen. / Der HERR macht die Blinden / sehend. Der HERR richtet auf, die / niedergeschlagen sind. … Der HERR liebt die Gerechten. Der / HERR behütet die Fremd-linge und erhält Waisen und / Witwen und kehrt zurück … den Weg der Gottlosen. Der HERR / ist König ewiglich, / dein Gott, Zion, für und für. Hal-leluja.

147 Psalm 147

Lobet den HERRN! denn unseren / Gott loben, das ist ein / köstlich Ding; solch Lob ist lieblich / und schön. Der HERR bauet … Jerusalem und bringt zusam-men die Verjagten Is-raels. Er heilt, die zerbrochnes / Herzens sind, und verbind't … ihre Schmerzen. Er zählt die Ster-ne und nennt sie alle / mit Namen. Unser Herr ist groß / und von großer Kraft; und … ist unbegreiflich, wie er re-giert. Der HERR richtet auf / die Elenden und stößt die Gott-losen zu Boden. Singt … umeinander dem HERRN mit Dank / und lobet unsern Gott

/ mit Harfen, der den Himmel mit / Wolken verdeckt und gibt …
Reg'n auf Erd'n; der Gras auf Bergen / wachsen lässt; der dem
Vieh / sein Futter gibt, den jungen Ra-ben, die ihn anrufen. … Er
hat nicht Lust an der Stärke / des Rosses noch Gefall'n / an eines
Mannes Schenkeln. Der / HERR hat Gefallen an … denen, die ihn
fürchten, die auf / seine Güte hoffen. / Preise, Jerusalem, den
HERRN; / lobe Zion, deinen … Gott! Denn er macht fest die Riegel
/ deiner Tore und se-gnet deine Kinder drinnen. Er / schafft deinen
Grenzen Fried'n … und sättigt dich mit dem besten / Weizen. Er
sendet sei-ne Rede auf Erden; sein Wort / läuft schnell. Er gibt
Schnee wie … Wolle, er streut Reif wie Asche. / Er wirft seine
Schlossen / wie Bissen; wer kann bleiben vor / seinem Frost? Er
spricht, so … zerschmilzt es; er lässt seinen Wind / wehen, so taut es
auf. / Er zeigt Jakob sein Wort, Isra-el seine Sitten und …Rechte. So
tut er keinen Hei-den, noch lässt er sie wis-sen seine Rechte.
Hallelu-ja!

148   Psalm 148

Halleluja! Lobet im Him-mel den HERRN; lobet ihn / in der Höhe!
Lobet ihn, al-le seine Engel; lobt … ihn, all sein Heer! Lobt ihn,
Sonne / und Mond; lobt ihn, alle / leuchtenden Sterne! Lobt ihn,
ihr / Himmel allenthalben … und die Wasser, die oben am / Himmel
sind! Die sollen / loben den Namen des HERRN; denn / er gebot, da
wurden … sie geschaffen. Er hält sie im-mer und ewiglich; er /
ordnet sie, dass sie nicht anders / gehen dürfen. Lobet … den
HERRN auf Erd'n, ihr Walfische / und alle Tiefen; Feu'r, / Hagel,
Schnee und Dampf, Sturmwinde, / die sein Wort ausrichten; … Berg
und alle Hügel, fruchtba-re Bäume und alle / Zedern; Tiere und alles
Vieh, / Gewürm und Vögel; ihr … Könige auf Erden und al-le
Völker, Fürsten und / alle Richter auf Erden; Jüng-linge und
Jungfrauen, … Alte mit den Jungen! Die sol-len loben den Namen /
des HERRN; denn sein Name allein / ist hoch, sein Lob geht, so …

weit Himmel und Erde ist. Und / er erhöht das Horn sein's / Volks. Alle seine Heiligen / sollen lob'n, die Kinder … Israel, das Volk, das ihm dient. / Halleluja!

149   Psalm 149

Halleluja! Singet dem HERRN / ein neues Lied; die Ge-meinde der Heiligen soll ihn / loben. Israel freu … sich des, der es gemacht hat; die / Kinder Zions seien / fröhlich über ihren König. / Sie soll'n loben seinen … Namen im Reigen; mit Pauken / und Harfen sollen sie / ihm spielen. Denn der HERR hat Wohl-gefall'n an seinem Volk; … er hilft den Elenden herrlich. / Die Heiligen sollen / fröhlich sein und preisen und rüh-men auf ihren Lagern. … Ihr Mund soll Gott erheben, und / sie sollen scharfe Schwer-ter in ihren Händen haben, / dass sie Rache üben … unter den Heiden, Strafe un-ter den Völkern; ihre / Könige zu binden mit Ket-ten und ihre Edlen … mit eisernen Fesseln; dass sie / ihnen tun das Recht, da-von geschrieben ist. Solche Eh-re werden all seine … Heiligen haben. Hallelu-ja!

150   Psalm 150

Halleluja! Lobet den HERRN / in seinem Heiligtum; / lobet ihn in der Feste sei-ner Macht! Lobet ihn in … seinen Taten; lobet ihn in / seiner großen Herrlich-keit! Lobet ihn mit Posaunen; / lobet ihn mit Psalter … und Harfe! Lobet ihn mit Pau-ken und Reigen; lobet / ihn mit Saiten und Pfeifen! Lo-bet ihn mit hell'n Zimbeln; … lobet ihn mit wohlklingenden / Zimbeln! Alles, was O-dem hat, lobe den HERRN! Halle-luja!

Danket dem HERRN und prediget / seinen Namen; verkün-diget sein Tun unter den Völ-kern! Singet von ihm und … lobet ihn; redet von allen / seinen Wundern! Es ist / das Zepter von Juda nicht ent-wendet worden, noch der … Stab des Herrschers von seinen Fü-ßen gewichen, bis der / Held Jesus Christus gekommen / ist und demselb'n hangen … die Völker nun an. Christus ist / der wahre Joseph, der / für seine Brüder nach Ägyp-ten verkauft wurde, er … prüft uns wie Joseph, ob wir uns / bessern. Er wurd für uns / in die Grube geworfen, doch / kam er wieder heraus. … Er ist gestorben und wieder / auferstanden. Wie Hi-ob litt der Unschuldige am / Kreuz und seine Freunde … spotteten sein. Er ist der En-gel der Israel vo-rausging aus Ägypten, er war / es, der Abraham im … Hain Mamre besuchte und dann / Lot aus Sodom holte. / Christus erschien dem Mose im / Dornbusch und dem Jakob … auf der Himmelsleiter. Jesa-ja sah Christus sitzen / auf dem hohen und erhabe-nen Stuhl, als sein Saum den … Tempel füllte. Hesekiel / sah den Herrn als Menschen / auf einem Stuhl lichthell. Josu-a begegnet Christus … beim Eintritt ins Land Kanaan. / Nun steht der Berg fest, da / des HERRN Haus ist, er ist höher / denn alle Berge und … alle Heiden laufen dazu. / Tyrus heiligt den Hu-renlohn, Mohrenland bringt dem HERRN / Zebaoth Geschenke. … Ägypten ist sein Volk und As-sur seiner Hände Werk. / Ägypten und Assur sind selb-dritt mit Israel, ein … Segen mitten auf Erden. Eph-raim neidet den Ju-da nicht und Juda ist nicht wi-der Ephraim. Nirgend … tut man Schaden, noch verdirbt man / auf dem ganzen heil'gen / Berge; denn das Land ist voll Er-kenntnis des HERRN, so wie … Wasser das Meer bedeckt. Die Wur-zel Isai steht zum / Panier uns Völkern; die Ruhe / Jesu Christi ist Ehr. … Denn uns ist ein Kind geboren, / ein Sohn ist uns gegeb'n, / er heißt Wunderbar, Rat, Kraft, Held, / Ewig-Vater, Fried'fürst; … des Friedens ist kein Ende auf / dem Stuhl Davids. Solches / tut der Eifer des HERRN Zeba-oth. Halleluja!

Mose stieg auf den Berg Sina-i zu Gott und Gott re-dete alle diese Worte: / Ich bin der HERR, dein Gott, ... der ich dich aus Ägyptenland, / aus dem Diensthause, ge-führt habe. Du sollst keine an-deren Götter neben ... mir haben. Du sollst dir kein Bild-nis noch irgend ein Gleich-nis machen, weder des, das o-ben im Himmel, noch des, ... das unten auf Erden, oder / des, das im Wasser un-ter der Erde ist. Bete sie / nicht an und dien ihnen ... nicht. Denn ich, der HERR, dein Gott, bin / ein eifriger Gott, der / da heimsucht der Väter Misse-tat an den Kindern bis ... in das dritte und vierte Glied, / die mich hassen; und tu / Barmherzigkeit an vielen Tau-senden, die mich liebhab'n ... und meine Gebote halten. / Du sollst den Namen des / HERRN, deines Gottes, nicht missbrau-chen; denn der HERR wird den ... nicht ungestraft lassen, der sei-nen Namen missbraucht. Ge-denke des Sabbattags, dass du / ihn heiligest. Sechs Tag ... sollst du arbeiten und alle / deine Dinge beschi-cken; aber am siebenten Ta-ge ist der Sabbat des ... HERRN, deines Gottes; da sollst du / kein Werk tun noch dein Sohn / noch deine Tochter noch dein Knecht / noch deine Magd noch dein ... Vieh noch dein Fremdling, der in dei-nen Toren ist. Denn in / sechs Tagen hat der HERR Himmel / und Erde gemacht und ... das Meer und alles, was darin-nen ist, und ruhte am / siebenten Tag. D'rum segnete / der HERR den Sabbattag ... und heiligte ihn. Du sollst dei-nen Vater und deine / Mutter ehren, auf dass du lan-ge lebest in dem Land, ... dass dir der HERR, dein Gott, gibt. Du / sollst nicht töten. Du sollst / nicht ehebrechen. Du sollst nicht / stehlen. Du sollst kein falsch ... Zeugnis reden wider deinen / Nächsten. Lass dich nicht ge-lüsten deines Nächsten Hauses. / Lass dich nicht gelüsten ... deines Nächsten Weibes, noch sei-nes Knechtes noch seiner / Magd, noch seines Ochsen noch sei-nes Esels, noch alles, ... was dein Nächster hat. Der HERR gab / Mose die zwei Tafeln / aus Stein, sie waren beschrieben / mit dem Finger Gottes.

153   2. Mose 29,7

Ein Danklied.

Dank sei dir Vater, Sohn und Heil'-ger Geist, dass du uns mit / heiligem Salböl zu Priestern / geweiht hast, mit Myrrhe, … Zimt, Kalmus und Kassia und / hast alle Geräte / in der Kirche geweiht. Wir dan-ken dir dass du unsre … Gebet erhörst, wie wir dir das / Räuchwerk bringen: Balsam, / Stakte, Galban und reinen Weih-rauch, rein und hochheilig. … Du hast uns angetan mit rei-ner Leinwand, mit guten / Werken, die du in uns vollbringst. / Wir danken dir, dass wir … unsre Seele für einen hal-ben Silberling versöhn'n / können, wie du dem Mose auf / dem Berg befohlen hast. … Wir danken dir, dass Christus die / Krankheiten getragen / hat von denen, die er heilte / und dass jeder den selb'n … Lohn empfängt, er sei früh oder / spät zu deinem Weinberg / gekommen. Du bist gnädig all'n / und ein Heiland aller, … aber besonders für die Hei-ligen, besonders für / deine Erwählten. Für sie trugst / du, Herr Jesu Christ, die … gesamte Höllenqual und nur / ein Teil bleibt uns zu leid'n / übrig in diesem Jammertal. / Nimm unser Opfer an, … wie wir dir im Neuen Testa-ment nun dienen! Gelobt / sei der Name des HERRN jetzt und / allezeit! Amen.

154   Das Lied Mose's / 5. Mose 32

Merkt auf, ihr Himmel, ich will re-den, und die Erde hör' / die Rede meines Mundes. Mei-ne Lehre triefe wie … der Regen, und meine Rede / fließe wie Tau, wie der / Regen auf das Gras und wie die / Tropfen auf das Kraut. Denn … ich will den Namen des HERRN prei-sen. Gebet unserm Gott / allein die Ehre! Er ist ein / Fels. Seine Werke sind … unsträflich; denn alles, was er / tut, das ist recht. Treu ist / Gott und ist kein Böses an ihm; / gerecht und fromm ist er. … Die verkehrte und böse Art / fällt von ihm ab; sie sind /

Schandflecken und nicht seine Kin-der. Dankest du also … dem HERRN, deinem Gott, du toll und / töricht Volk? Ist er nicht / dein Vater und dein HERR? Ist es / nicht er allein, der dich … gemacht und bereitet hat? Ge-denke der vorigen / Zeit bis daher und betrachte, / was er getan hat an … den alten Vätern. Frage dei-nen Vater, der wird dir's / verkündigen, deine Ältes-ten, die werden dir's sag'n. … Da der Allerhöchste die Völ-ker zerteilte und zer-streute der Menschen Kinder, da / setzte er die Grenzen … der Völker nach der Zahl der Kin-der Israel. Denn des / HERRN Teil ist sein Volk, Jakob ist / sein Erbe. Er fand ihn … in der Wüste, in der dürren / Einöde, da es heult. / Er umfing ihn und hatte acht / auf ihn; er b'hütete … ihn wie sein'n Augapfel. Wie ein / Adler ausführt seine / Jungen und über ihnen schwebt, / breitete er seine … Fittich aus und nahm ihn und trug / ihn auf seinen Flügeln. / Der HERR allein leitete ihn, / und kein fremder Gott war … mit ihm. Er ließ ihn hoch herfahr'n / auf Erden und nährte / ihn mit den Früchten des Feldes / und ließ ihn Honig saug'n … aus den Felsen und Öl aus den / harten Steinen, Butter / von den Kühen und Milch von den / Schafen samt dem Fetten … von den Lämmern und feiste Wid-der, Böcke mit fetten / Nieren und Weizen und tränkte / ihn mit gut Traubenblut. … Da aber Jesurun fett ward, / ward er übermütig. / Er ist fett, dick und stark word'n und / hat den Gott fahr'n lassen, … der ihn gemacht hat. Er hat den / Fels seines Heils gering / geacht't und hat ihn zum Eifer / g'reizt durch fremde Götter; … durch Greuel hat er ihn erzürnt. / Sie haben den Teufeln / geopfert und nicht ihrem Gott, / den Göttern, die sie nicht … kannten, den neuen, die zuvor / nicht gewesen sind, die / eure Väter nicht geehrt ha-ben. Deinen Fels, der dich … gezeugt hat, hast du aus der Acht / gelassen und hast ver-gessen Gottes, der dich gemacht / hat. Und da es der HERR … sah, ward er zornig über sei-ne Söhne und Töchter, / und er sprach: Ich will mein Antlitz / vor ihnen verbergen, … will sehen, was ihnen zuletzt / widerfahren wird; denn / es ist eine verkehrte Art, / es sind untreu Kinder. … Sie haben mich gereizt an dem, / das nicht Gott ist; und mit / ihrer Abgötterei haben / sie mich erzürnt. Und ich …

will sie wieder reizen an dem, / das nicht ein Volk ist; an / einem törichten Volk will ich / sie erzürnen. Denn ein … Feuer ist angegangen durch / meinen Zorn und es wird / brennen bis in die unterste / Hölle und wird verzehr'n … das Land mit seinem Gewächs und / wird anzünden die Grund-festen der Berge. Ich will al-les Unglück über sie … häufen, ich will alle meine / Pfeile in sie schießen. / Vor Hunger sollen sie verschmach-ten und verzehrt werden … vom Fieber und von jähem Tod. / Ich will der Tier Zähne / unter sie schicken und der Schlan-gen Gift. Auswendig wird … sie das Schwert beraub'n und inwen-dig der Schrecken, beide, / Jünglinge und Jungfrauen, die Säug-ling mit dem grau'n Mann. … Ich wollte sagen: „Wo sind sie? / ich werd ihr Gedächtnis / aufheben unter den Menschen", / wenn ich nicht den Zorn der … Feinde scheute, dass nicht ihre / Feinde stolz würden und / möchten sagen: Unsre Macht ist / hoch, und der HERR hat nicht … solches alles getan. Denn es / ist ein Volk, darin kein / Rat ist, und ist kein Verstand in / ihnen. O, dass sie doch … weise wär'n und vernähmen sol-ches, dass sie verstünden, / was ihnen hernach begegnen / wird! Wie gehet's zu, dass … *einer* wird ihrer tausend jag'n, / und zwei werd'n zehntausend / flüchtig machen? Ist's nicht so, dass / sie ihr Fels verkauft hat … und der HERR sie übergeb'n hat? / Denn unser Fels ist nicht / wie ihr Fels, des sind unsre Fein-de selbst Richter. Denn ihr … Weinstock ist vom Weinstock zu So-dom und von dem Acker / Gomorras; ihre Trauben sind / Galle, sie hab'n bitt're … Beeren; ihr Wein ist Drachengift / und wütiger Ottern / Galle. Ist solches nicht bei mir / verborg'n und versiegelt … in meinen Schätzen? Die Rach ist / mein; ich will vergelten. / Zu seiner Zeit soll ihr Fuß glei-ten; denn die Zeit ihres … Unglücks ist nahe, und was ü-ber sie kommen soll, eilt / herzu. Denn der HERR wird sein Volk / richten, über seine … Knechte wird er sich erbarmen. / Denn er wird ansehen, / dass ihre Macht dahin ist und / beides, das Verschloss'ne … und Verlassene, weg ist. Und / man wird sagen: Wo sind / ihre Götter, ihr Fels, auf den / sie trauten? Welche das … Fett ihrer Opfer aßen und / tranken den Wein ihrer / Trankopfer, lasst sie aufstehen / und euch helfen und euch … schützen! Seht ihr nun, dass ich's al-lein bin und ist kein Gott / neben mir! Ich kann töten und / lebendig machen, ich … kann schlagen und kann heil'n, und ist / niemand, der aus meiner / Hand errette. Denn ich will mei-ne Hand in den Himmel … heben und will sagen: Ich le-be ewiglich. Wenn ich / den Blitz meines Schwerts wetzen wer-de und meine Hand zur … Strafe greifen wird, so will ich / mich wieder rächen an / meinen Feinden und denen, die / mich hassen, vergelten. … Ich will meine Pfeile mit Blut / trunken machen – und mein / Schwert soll Fleisch fressen –, mit dem Blut / der Erschlagenen und … Gefangenen, von dem entblöß-ten Haupt des Feindes. Jauchzt / alle, die ihr sein Volk seid; denn / er wird das Blut seiner … Knechte rächen und wird sich an / seinen Feinden rächen / und gnädig sein dem Lande sei-nes Volks.

155   Jesaja 2

Singet dem HERRN ein neues Lied; / denn der Tag des HERRN Ze-baoth wird gehen über al-les Hoffärtige und … Hohe und über alles Er-habene, dass es er-niedrigt werde; dass sich bücken / muss alle Höhe der … Menschen und sich demütigen / müssen, die hohe Män-ner sind, und der HERR allein hoch / sei zu der Zeit. Und mit … den Götzen wird's ganz aus sein. Da / wird man in der Felsen / Höhlen gehen und in der Er-de Klüfte vor der Furcht … des HERRN und vor seiner herrlich-en Majestät, wenn er / sich aufmachen wird zu schrecken / die Erde. So lasset … nun ab von dem Menschen, der O-dem in der Nase hat; / denn für was ist er zu achten? / Der Herr hat den Unflat … der Töchter Zions gewaschen / und die Blutschulden Je-rusalems vertrieben von ihr / durch den Geist, der richtet … und ein Feuer angezündet / hat. Und der HERR hat ge-schaffen über alle Wohnun-gen des Berges Zion … Wolke und Rauch des Tages und / Feuerglanz, der da brennt, / des Nachts. Denn es ist ein Schirm ü-ber alles, was herrlich … ist, und ist eine

Hütte zum / Schatten des Tages vor / der Hitze und eine Zuflucht / und Verbergung vor dem … Wetter und Regen. Weh denen, / die Böses gut und Gut's / böse heißen, die aus Finster-nis Licht und aus dem Licht … Finsternis machen, die aus sau-er süß und aus süß sau'r / machen! Wehe denen, die bei / sich selbst weise sind und … halten sich selbst für klug! Weh den'n, / die Helden sind, Wein zu / saufen, und Krieger in Völle-rei; die den Gottlosen … gerechtsprechen um Geschenke / willen und das Recht der / Gerechten von ihnen wenden! / Darum, wie des Feuers … Flamme Stroh verzehrt und die Lo-he Stoppeln hinnimmt, so / wird ihre Wurzel verfaulen / und ihre Blüt aufflieg'n … wie Staub. Denn sie verachten das / Gesetz des HERRN Zeba-oth und lästern die Rede des / Heiligen in Isr'el. … Er hat ein Panier aufgewor-fen fern unter den Heid'n / und dieselben gelockt vom En-de der Erde. Es ist … gekommen der Heiden Bestes. / Himmel und Erde wurd / bewegt und der HERR hält den Se-rubabel wie einen … Siegelring. Der Übertretung / ist gewehrt, und die Sünd / ist abgetan und die ewi-ge Gerechtigkeit ist … gebracht. Die Gesichte und Weis-sagung ist versiegelt / und ein Hochheiliges gesalbt / worden.

156   Jesaja 13

Babel ist umgekehrt, die Me-der haben es zerstört. / Ihr Gedächtnis ist ausgerot-tet. Und Assur wurde … zertreten, wie der HERR Zeba-oth geschworen. Er hat / die Übriggebliebenen der / Philister erwürgt. Und … Moab ist dahin und sie sind / kein Volk mehr. Edom ist / wüst in Ewigkeit. Und Ammon ge-denket man nicht mehr. … Aus Tyrus wurde ein bloßer / Fels und ein Ort darauf / man Fischgarne aufspannt. Ägyp-ten bleibt ein kleines Reich. … All den Heiden geschah das Recht, / davon geschrieben ist. / Halleluja!

Ein Lied auf den Sabbattag.

Kehr deinen Fuß vom Sabbat und / tu nicht was dir gefällt / an meinem heiligen Tage, / heiße ihn eine Lust, … ehre den Tag, der dem HERRN hei-lig ist und tue nicht / deine Wege und was dir gefällt und kein leer Geschwätz … so du ihn ehrst alsdann wirst du / Lust haben am HERRN und / ich will dich über die Höhen / auf Erden schweb'n lassen … so du den Tag heiligest, will / ich dich speisen mit dem / Erbe deines Vaters Jakob; / denn des HERRN Mund sagt es. … Wenn hier nun ein Schaf am Sabbat / in eine Grube fällt, / wer unter euch ergreift es nicht / und zieht es dort herauf? … Darum ist es wohl erlaubt, am / Sabbat Gutes zu tun, / so lehrte Christus und heilte / Kranke am Sabbattag. … Nun wurde der Sabbat um des / Menschen willen gemacht, / und der Mensch wurde nicht um des / Sabbats willen gemacht. … Und des Menschen Sohn ist ein Herr, / auch ein Herr des Sabbats. / Die frühe Kirche traf sich am / ersten Tag der Woche … am Tag des Herrn, am Sonntag, am / Tag da er auferstand / trafen sich die Jünger um die-sen Tag zu heiligen. … Im Gesetz steht geschrieben, dass / die Priester am Sabbat / im Tempel den Sabbat brechen / und sind doch ohne Schuld. … Es steht geschrieben, dass David / hungerte mit denen / die bei ihm waren und sie ka-men in das Gotteshaus. … Dort aßen sie die Schaubrote, / was ihnen nicht erlaubt, / sondern allein den Priestern war / es zu essen erlaubt. … Aber Gott will Barmherzigkeit / und nicht bloße Opfer. (Zwischenspiel)

158   **Der Prophet Jona**

Das Wort des HERRN kam zu Jona: / Gehe nach Ninive / und predige wider die Stadt, / denn sie ist voll Bosheit. … Jona floh im Schiff gen Tarsis / aber Gott sandte Wind; / die Leute fragten wer schuld sei, / und wussten: Jona war's. … Und sie warfen Jona ins Meer, / dann verschlang ihn ein Fisch. / „Ich rief zu dem Herrn in der Not / er antwortete mir, … ich schrie aus dem Bauch der Hölle / hast du mich verstoßen? / Doch du hast mich herausgeführt, / mein Gebet kam zu dir. … Die am Nichtigen festhalten / verlassen die Gnade, / ich aber will mit Dank opfern; / die Hilfe ist des HERRN.“ … Das Wort des HERRN geschah wieder: / Gehe nach Ninive, / predige, was ich dir sage! / Und Jona ging dorthin. … „Es sind nur noch vierzig Tage, / so kommt der Untergang.“ / Sie kehrten um und fasteten, / nach des Königs Befehl. … Und Gott verschont die große Stadt, / doch Jona ward voll Zorn: / „Darum floh ich das erste Mal, / weil du barmherzig bist. … Ach, ich wollte lieber tot sein.“ / Und Jona setzte sich; / Gott ließ wachsen den Rizinus, / dass er ihm Schatten gäb'; … Jona freute sich darüber, / aber dann kam ein Wurm, / und der Rizinus verdorrte, / und Jona ward nun matt. … „Ach, ich wollte lieber tot sein.“ / Und der HERR sprach zu ihm: / Sieh, dich jammert des Rizinus, / den du doch nicht gemacht; … und mich sollte da nicht jammern / Ninives, der Großstadt, / hundertundzwanzigtausend Leut, / die nicht wissen wohin?

159   Sacharja

HERR, unser Herrscher, wie herrlich / ist dein Name in all'n / Landen, du, den man lobet im / Himmel! Sacharja sah … den Engel des HERRN, Christus sit-zen auf einem roten / Pferd und er hielt unter den Myr-ten und er redete … mit ihm. Christus ist Zemach, der / Spross, der Stein mit sieben / Aug'n, der die Sünde des Landes / wegnahm auf *einen* Tag. … Ja, den Tempel des HERRN hat er / gebaut und sitzt auf sei'm / Thron und ist auch Priester – er ist / König und Priester und … es ist Friede zwischen den bei-den. Daniel sah Chris-tus in Leinwand und er hatte / einen gold'nen Gürtel … um seine Lenden, sein Leib war / wie ein Türkis, sein Ant-litz sah wie ein Blitz, seine / Augen wie feurige … Fackeln, seine Arme und Fü-ße wie helles, glattes / Erz, und seine Rede war wie / ein großes Getöne. … Christus war mit Daniels Freun-den im Feuerofen / und glich einem Sohn der Götter. / Eljakim ist ein Bild … auf Christus, er hat die Schlüssel / Davids, dass er auftu / und niemand zuschließe, dass er / zuschließe und niemand … auftue. Sie sind gekommen / von fern und bauen am / Tempel, wie Sacharja prophe-zeite. Es war weder … Tag noch Nacht, doch um den Abend / ward es licht. Die Hälfte … der Stadt Jerusalem ist gefan-gen weggeführt und / das übrige Volk ist nicht aus-gerottet. Christus ist / die Weisheit, die der HERR gehabt / hat im Anfang seiner … Wege; ehe er etwas schuf, / war er da. Alle Sprüch / Salomos wurden von einem / Hirten gegeben, von … Jesus Christus. Viele Völker / sagen nun: Kommt, lasst uns / auf den Berg des HERRN gehen, zum / Hause des Gott's Jakobs, … dass er uns lehre seine We-ge und wir wandeln auf / seinen Steigen! Denn aus Zion / geht das Gesetz aus und … des HERRN Wort von Jerusalem. / Christus richtet unter / den Heiden und straft viele Völ-ker. Wir haben unsre … Schwerter zu Pflugscharen und un-sere Spieße zu Sich-eln gemacht. Denn kein Volk hebt wi-der das andere ein … Schwert auf und wir werden hinfort / nicht mehr kriegen lernen. / Kommt nun, ihr vom Hause Jakob, / lasst uns wandeln im Licht … des HERRN!

160   **Matthäus**

HERR, unser Vater, wie herrlich / ist dein Nam in allen / Landen, du, den man lobet und / dein Sohn Jesus Christus; … der durch Maria zu uns kam, / vom Heil'gen Geist gezeugt, / zur Zeit des Königs Herodes, / in Bethlehem gebor'n, … wie vom Propheten prophezeit: / „Und du Bethlehem in / Juda aus dir kommt der Fürst I-sraels, sie zu weiden" … Und die Weisen sahen den Stern / vom König der Juden, / und beteten das Kindlein an; / und gaben ihm Schätze. … Herodes wollte es töten / sie floh'n nach Ägypten / damit erfüllt würde das Wort / des Propheten, der spricht: … „Dort aus Ägypten habe ich / meinen Sohn gerufen." / Und Herodes lies die Kinder / töten wie's prophezeit. ... Joseph kam nach Nazareth, wie / es prophezeit wurde. / Und Johannes taufte Jesus / und der Geist kam auf ihn. ... Er kam wie eine Taube und / eine Stimme sprach dann: / „Dies ist mein lieber Sohn, an dem / ich Wohlgefallen hab." ... Jesus wurde vom Geist in die / Wüste geführt, wo er / vom Teufel versucht wurde doch / Jesus widerstand ihm. ... Er zog nach Kapernaum, in Se-bulon und Naphtali. / Wie's prophezeit, dass sie dort ein / großes Licht geseh'n hab'n. ... Jesus predigte Buße und / Petrus und Andreas / wurden seine Jünger mit Ja-kobus und Johannes; ... Jesus heilte jede Krankheit. / Und berief Matthäus / mitsamt den Rest der zwölf Jünger / die heilten ebenso, ... sie predigten das Himmelreich / wie Jesus befohlen; / er ritt nach Jerusalem wie / es prophezeit wurde: ... „Saget der Tochter Zion: Sieh, / dein König kommt zu dir / sanftmütig auf einem Esel / und mit ihrem Jungen." ... Jesus sprach beim Passah: „Nehmet, / esset das ist mein Leib, / trinket den Kelch, er ist mein Blut, / das Blut des Neuen Bund's, ... für viele vergossen zur Ver-gebung von den Sünden. / Und Judas verriet Jesus um / dreißig Silberlinge; ... der Hohe Rat fragte: „Bist du / Christus, der Sohn Gottes?" / und Jesus sprach zum Hohepries-ter: Du hast es gesagt. ... Jesus wurde verurteilt, doch / Judas gab's Geld zurück / ein Acker wurde gekauft, wie / es Jeremia sagt. ... Und Jesus kam nach Golgatha, / wo sie ihn kreuzigten, / um seine Kleider warfen sie / das Los, wie prophezeit. ... Er starb, die Erde bebte, der / Vorhang im Tempel riss, / die Felsen zerrissen und die / Gräber taten sich auf; ... viele Heilige standen auf / und erschienen vielen. / Der Hauptmann und die Wachen sah'n: / „Dieser war Gottes Sohn!" ... Am dritten Tag ist er von den / Toten auferstanden, / und beim Grab bebte die Erde / und ein Engel erschien. ... Jesus sprach zu den Jüngern: „Mir / ist gegeben alle / Gewalt im Himmel und auf Er-den, darum gehet hin ... und macht zu Jüngern alle Völ-ker und taufet sie auf / den Namen des Vaters, des Sohns / und Heiligen Geistes ... und lehret sie alles halten, / was ich euch befohlen. / Siehe, ich bin bei euch alle / Tage bis an das End.

161   Matthäus 4,4

Es steht geschrieb'n: Der Mensch lebt nicht / von Brot allein, sondern / von einem jeglichen Wort, das / durch den Mund Gottes geht. … Die Stunde ist schon da, aufzu-stehen vom Schlaf, meine / Rettung ist jetzt näher, als da / ich gläubig wurde; so … legt ab die Werk der Finsternis / und zieht an die Waffen / des Lichts; der Herr Jesus kommt vom / Himmel mit den Engeln … seiner Kraft, in Feuerflammen, / um zu vergelten. Und / glückselig sind, die seine Ge-bote tun und halten. … Lass mich prüfen, was das Beste / sei und mach' mich lauter / und mach' mich unanstößig auf / den Tag Jesu Christi. … Etliche predigen Christus / aus Neid und Hader und / viele verfälschen das Wort. Ich / aber rede lauter … nicht um Menschen zu gefallen. / Ich setz meine Hoffnung / auf den lebendigen Gott. / Die Gottlosen versteh'n nichts, … sie vergleichen sich mit sich selbst / und messen sich an sich / selbst. Sie suchen alle das Ih-re, nicht was Christi ist. … Weil sie lau sind, wird Christus sie / ausspeien aus seinem / Munde. Der Gott der Hoffnung a-ber erfülle uns mit … aller Freude und Frieden im / Glauben, dass wir über-strömen in der Hoffnung. Gott se-gne unsere Kirche!

162   Matthäus 5,48

Vater im Himmel, du bist voll-kommen und gar perfekt; / du bist allwissend und du siehst / in das Verborgene; … du bist reich an Vergebung, du / rechnest Schuld nicht zu und / du ernährst die Vögel im Himm-el und gibst allen Speis. … Du weißt, was alle bedürfen / und gibst Gutes denen, / die dich bitten und verwehrst uns / keine gute Gabe. … Du hast den Tod von Sperlingen / in deinen Händen und / keiner von ihnen fällt auf die / Erd ohne dich,

Vater. ... Du bist Herr des Himmels und der / Erde, du verbirgst dich / vor Weisen und Klugen, doch zeigst / dich den Unmündigen. ... Ja, ich preise dich Vater, denn / so ist's wohlgefällig / vor dir, dass du dich so verbirgst / und Kleinen offenbarst. ... Alle Dinge hast du Christus / übergeben, niemand / kennt dich, als nur der Sohn und wem / der Sohn es offenbart. ... Alle Pflanzen die du nicht pflanzt / werden ausgerissen, / alle Verworfenen werden / vom Sohn gerichtet werd'n.

163   Vater Unser

So lehrte unser Herr Christus / uns beten: Unser Va-ter in dem Himmel! Dein Name / werde geheiligt. Dein ... Reich komme. Dein Wille gesche-he auf Erden wie im / Himmel. Unser täglich Brot gib / uns heute. Und vergib ... uns unsere Schulden, wie wir / unsern Schuldigern ver-geben. Und führ uns nicht in Ver-suchung, sondern erlös ... uns von dem Bösen. Denn dein ist / das Reich und die Kraft und / die Herrlichkeit in Ewigkeit. / Amen.

164   Matthäus 9,36

Wenn ich die Volksmengen sehe, / dann jammert mir, denn sie / sind verschmachtet und zerstreut wie / Schafe ohne Hirten ... Die Ernte ist zwar groß, aber / wenige Arbeiter; / Herr der Ernte, send Arbeiter / hier in deine Ernte. ... Denn so spricht der Herr HERR von den / verdorrten Gebeinen: / Siehe, ich will einen Lebens-Odem in euch bringen. ... Und ihr sollt lebendig werden; / ich will meinen Geist in / euch geben, will euch zu meiner / Kirche hinzufügen, ... will euch zu meinem heiligen / Volk sammeln, und ihr sollt / erfahren, dass ich der HERR bin. / Ich hab es geredet. ... Und ich tu es auch, spricht der HERR. / So kommt, ihr Heiden, kommt / zu Gott, dem HERRN; bekehrt euch und / ihr werdet Frieden hab'n. ... So kommt zu dem Herrn und Heiland / Jesus Christus und glaubt / heute an seinen Namen, so / wird das Heil euch zuteil. … Gib uns das Wort, dass wir uns'ren / Mund freimütig auftun; / gib uns die Rede, dass mutig / wir allen verkünden. … Wir predigen das Geheimnis / des Evangeliums / und überreden die Menschen / zu Christus zu kommen. … HERR, gib deiner Kirche deinen / Heiligen Geist, um ver-lorene Seelen zu sammeln; / um Menschen zu fischen.

165   Matthäus 26,36-46

Mein Herr und Heiland Jesu Christ, / der du mit den Jüngern / nach Gethsemane gingst und sie / batest sich zu setzen. … Du würdest beten und Petrus / kam mit dir, mit den zwei / Söhnen des Zebedäus, du / zagtest und trauertest. … „Meine Seele ist betrübt bis / an den Tod; bleibet hier / und wachet mit mir!" Und du gingst / dort ein wenig weiter. … Du fielst auf dein Angesicht und / betetest und sprachst: „Mein / Vater, ist's möglich, so gehe / dieser Kelch vorüber; … doch nicht, wie ich will, sondern wie / du willst!" Und du kamst zu / deinen Jüngern und fandest sie / dort schlafend und schlummernd. … Du sprachst zu Petrus: „Konntet ihr / denn nicht eine Stunde / mit mir wachen? Wachet und be-tet, dass ihr nicht fallet! … Wachet und betet, dass ihr nicht / in Anfechtung fallet! / Der Geist ist willig; aber das / Fleisch ist schwach und kraftlos." … Du gingst zum zweiten Mal wieder / hin und betetest: „Mein / Vater, ist's nicht möglich, dass die-ser Kelch vorübergeh, … ohne dass ich ihn trinke, so / geschehe dein Wille!" / Du kamst und fandest schlafend sie / mit Augen voller Schlaf. … Und du ließest sie und gingst a-bermals hin und betest / zum dritten Mal und redetest / dieselben Worte dort. … Dann kamst du zu deinen Jüngern / und sprachst zu ihnen: „Schlaft / nur weiter und ruht. Siehe, die / Stunde ist nun schon da, … siehe, die Stunde ist da, dass / der Sohn des Menschen in / die Hände der Sünder über-antwortet werden soll. … Stehet auf und lasst uns gehen! / Siehe, er ist da, der / mich verrät! Steht auf, lasst uns geh'n, / der Verräter ist da.

Ich bin getauft auf den Namen / des Vaters und Sohnes / und des Heil'gen Geistes zur Ver-gebung meiner Sünden. … Ich bin getauft auf den Namen / des Herrn Jesus Christus, / wie Christus und die Apostel / es befohlen haben. … Ich bin in den Tod von Christus / Jesus getauft und hab' / meine Sünden bekannt und bin / dem Herrn Jesus gefolgt … und habe mich, wie er, taufen / lassen, meine Sünden / sind abgewaschen und bin be-graben in seinen Tod. … Ich bin in der Taufe mit ihm / gestorben und wie er / auferweckt ist von den Toten / so bin's auch ich mit ihm, … ich wandle in einem neuen / Leben, bin gepflanzt zur / Gleichheit seines Tod's und werd ge-pflanzt zur Auferstehung. … Ward im Wasser mit ihm gekreu-zigt, damit der Leib der / Sünde aufhöre und ich hin-fort der Sünd nicht mehr dien. … Ich bin gestorben und gerecht-fertigt von der Sünde. / Ich glaub, dass ich mit Christus le-ben werd, weil Christus lebt. … Was ich nun lebe, das lebe / ich Gott und ihm habe / ich recht gegeben und bat um / ein gutes Gewissen. … Ich bin gerettet wie Noah / in der Arche, durch das / Wasser hindurch und bin mit Heil-gem Geist und Feu'r getauft. … Durch eine Taufe halten wir / die Einigkeit des Geist's / durch eine Tauf sind wir vereint / durch das Band des Friedens. … Wir sind durch einen Geist alle / zu einem Leib getauft / und sind alle in einem Geist / getränkt, durch Gottes Sohn. … Ich bin beschnitten mit der Be-schneidung Jesu Christi, / durch das Ablegen des sündli-chen Leibes des Fleisches, … bin nicht mit Händen beschnitten / und ich bin ganz gewiss, / dass wer da glaubt und getauft wird, / der wird selig werden.

Wir preisen dich, o Heil'ger Geist, / der du zu Maria / gekommen bist und Christus durch / dich geboren wurde. … Der du wie eine Taube auf / Christus gekommen bist / bei seiner Taufe und vom

Him-mel herab auf ihn kamst. … Der du zu Pfingsten in Kraft auf / die Jünger gekommen, / in Form von zerteilten Feuer-zungen hernieder kamst. … Der du in der ersten Christen-heit viel Wundertaten / wirktest durch die Hände der A-postel und der Jünger. … Der du Älteste und Dia-kone in Kirchen ein-setzt und einem jedem Gaben / gibst, so wie du es willst. … Du bist unser Tröster und bist / auch unser Fürsprecher, / Heil'ger Geist, du unser Beistand / und Helfer jederzeit. … Du leitest in alle Wahrheit / und erinnerst uns an / Gottes Wort und führst uns recht in / großen Entscheidungen. … Du führst durch inn're Regungen / und äuß're Zeichen der / Vorsehung und bezeugst uns dass / wir Kinder Gottes sind. … Du hilfst uns im Gebet und lässt / uns Abba, Vater schrei'n. / Du hilfst uns Christus verkünden / an alle Kreatur. … Du gibst großen Freimut und kommst / vom Vater gesandt und / von Christus, du bist selbst Gott und / verherrlichst Gottes Sohn. … Durch dich wurden die Schriften ge-schrieben und du sprichst zu / uns im Wort, du gibst uns feurig / Inbrunst in Gottes Dienst. … Wir bitten dich Vater, möge / Christus mit Heil'gem Geist / viele taufen, durch die Predigt / des Evangeliums.

168   Lukas 9,62

Wohl dem, der seine Hand an den / Pflug legt und nicht zurück-blickt. Ich bin langmütig und freund-lich und eifere nicht, … ich tu nicht groß und bläh mich nicht / auf. Ich benehme mich / nicht unanständig und suche / nicht das Meine, ich lass … mich nicht erbittern und rechne / das Böse nicht zu, ich / freue mich nicht über die Un-gerechtigkeit, ich freu … mich aber an der Wahrheit; ich / ertrage alles, ich / glaube alles, ich hoffe al-les und erduld alles. … Ich strebe nach den besseren / Gaben. Auf meiner Stirn / steht: Heilig dem HERRN. Mein Leb'n ist / ein Opfer, ein lieblich … Wohlgeruch. Ich werde mit Feu-er gesalzen und die / Leiden Christi ergießen sich / reichlich über mich und … ich esse bittere Passah-

Kräuter. Ich leide die / Schmach draußen vor der Stadt. Sünde / ist ansteckend doch die … Gerechtigkeit ist es nicht, da-rum wohn'n keine Sünder / bei mir. Die Völker ermorden / ihre Kinder im Leib, … Mütter bringen ihre Kinder / um bevor sie gebor'n / werden. Die evangelischen / und katholischen trag'n … ihre Blutschulden weiterhin / bis zum Gericht in al-ler Welt. Sie trauen Mann und Mann / und Frau und Frau in der … Kirche. Alle laufen ins pri-vate Hurenhaus im / Internet und es wird nicht ver-boten. Die Frau'n laufen … entblößt auf der Straße, die Welt / ist reif zur Schlachtung. Sie / leb'n in losen Beziehungen / und zeug'n unehelich … Kinder, und viele lassen sich / scheiden. Sie verhüten / und behalten ihre Jungfrau-schaft nicht, sie erklären … die Bibel weg und passen die / Lehre den Bedürfnis-sen der Menschen an. Sie predi-gen nicht klar und nennen … die Sünden nicht beim Namen. Hilf / o HERR und bewahre / uns rein!

169   Die Apostelgeschichte

Höre, mein Volk, mein Gesetz, horch / den alten Geschichten, / überliefert von den Vätern, / es den Kindern zu sag'n. … dass wir's ihnen nicht verhalten / sollten und den Ruhm des / HERRN verkündigten, die Macht und / Wunder, die er getan: … zu Pfingsten kam der Heilige / Geist, und sie redeten / in fremden Zungen und Petrus / predigte dort das Wort. … Dreitausend wurden gerettet; die Apostel wirkten / Wunder und Zeichen und wurden / vom Hohen Rat verfolgt; … und Stephanus ward gesteinigt, / Samarien nahm das / Wort an, und Saulus von Tarsus / ward wundersam bekehrt. …. Tabitha stand vom Tode auf; / das Wort ging auch an die / Heiden in Joppe und weiter / nach Antiochien; … König Herodes verfolgte / die Gemeinde und hat / Jakobus getötet und Pet-rus einsperren lassen. … Petrus aber wurde von ei-nem Engel befreit und / Herodes starb durch die Hand ei-nes Engels gleich darauf. … Und Paulus und Barnabas reis-ten nach Zypern, und nach / Pisidien und kamen dann / hin nach Ikonium, … und lehrten freimütig im Herrn, / und wirkten Zeichen und / Wunder; und sie kamen danach / nach Lystra und Derbe, … sie heilten einen lahmen Mann; / kamen durch Phrygien / und Mysien und es kam mit / ihnen Timotheus, … die Gemeinden nahmen an Zahl / zu und sie kamen nach / Mazedonien, wie sie vom / Herrn berufen wurden. … Sie blieben in Philippi und / Lydias Haus wurde / getauft und auch das Haus des Ker-kermeisters mit dazu, … sie predigten unter ständi-ger Verfolgung auch in / Thessalonich und eine gro-ße Menge kam dazu, … und Paulus zog mit Silas wei-ter nach Beröa, und / über Athen kam Paulus dann / zu den Korinthern hin. … In dieser Stadt hat der Herr ein / großes Volk und Paulus / überzeugte viele und reis-te dann nach Ephesus. … Er kehrte nach Jerusalem / zurück und reiste dann / wieder nach Ephesus und das / Wort des Herrn wuchs mächtig … nach vielen Reisen kam er nach / Jerusalem zurück, / und wurde dort durch die Juden / gefangen genommen, … er erlitt bei Malta Schiffbruch / und wurde weiter nach / Rom gebracht, er blieb dort gefan-gen, doch predigte noch.

170   1. Korinther 11,13

Ziemt es sich, dass eine Frau un-bedeckt zu Gott betet? / Soll sie sich offen dem Stuhl des / Allmächtigen nahen? … Welcher Geist ist köstlich vor Gott / und welches Gemüt ist / vor ihm gut und wohlgefällig? / Ein reiner Wandel ist's. … Ein Leben geführt in der Furcht, / lauter sollen sie sein / in Gottseligkeit und ihr Schmuck / nicht der äußerliche. … Nicht mit Haarflechten und Goldum-hängen, nicht mit Anzieh'n / von prächtigen Kleidern, sondern / ihr Schmuck ist die Stille. … Ihr Geschmeide ist der verbor-gene Mensch des Herzens, / nicht wie die Isebel, die sich / ihr Angesicht schminkte. … Nicht wie die Hure, die sich ih-re Augen bemalte. / Sondern wie Rebekka, die sich / vor Isaak verhüllt. … Sie sollen zu Gott beten in / schicklicher Kleidung mit / Schamhaftigkeit zum

Thron des HERRN / treten in Zucht geschmückt. ... So wie es sich ziemt für Frauen, / die sich zur Gottesfurcht / bekennen, für Damen die sich / mit guten Werken zier'n. ... In aller Unterordnung den / Männern und still in ihr'm / Gemüt, damit die Gebete / nicht verhindert werden. ... HERR, siehe an unser Gebet / hör auf unsre Schreie, / denn wir nahen uns dir mit Furcht, / so wie es sich gebührt!

171   **Epheser 2**

Halleluja! Lobet im Him-mel den HERRN; denn aus Gnad / sind wir gerettet worden durch / den Glauben, und das nicht ... aus uns: Gottes Gabe ist es, / nicht aus Werken, damit / sich nicht jemand rühme. Unser / Herr ist groß von Rat und ... mächtig von Tat. Christus ist der / zweite Adam uns ge-macht zur Erlösung. Glückselig / sind, die da geistlich arm ... sind; denn ihrer ist das Himmel-reich. Glückselig sind, die / da Leid tragen; denn sie sollen / getröstet werden. Glück-selig sind die Sanftmütigen; / denn sie werden die Erd / besitzen. Glückselig sind, die / da hungern und dürsten ... nach der Gerechtigkeit; denn sie / soll'n satt werden. Glückse-lig sind die Barmherzigen; denn / sie werd'n Barmherzigkeit ... erlangen. Glückselig sind, die / reinen Herzens sind; denn / sie werden Gott schauen. Glückse-lig sind die Fried'nsstifter; ... denn sie werden Gottes Kinder / heißen. Glückselig sind, / die um Gerechtigkeit willen / verfolgt werden; denn ihr'r ... ist das Himmelreich. Hallelu-ja!

172   **Kolosser 1**

Wir danken dir Gott, Vater des / Herrn Jesus Christus, dass / wir gehört haben von dem Wort, / des Evangeliums. ... Wir hören nicht auf zu beten / und zu bitten, erfüll / uns mit Erkenntnis deines Wil-lens in aller Weisheit ... und in aller geistlichen Ein-sicht, dass wir

dir würdig / wandeln zu allem Gefallen / und wir dir Frucht bringen
- ...Frucht in jedem guten Werk und / wir in der Erkenntnis / Gottes
wachsen und wir gestärkt / werden mit aller Kraft ... nach deiner
herrlichen Macht zu / aller Geduld und zu / Langmut mit Freuden
und dir Dank / sagen, unserm Vater, ... der du uns tüchtig gemacht
hast / zu unserem Erbteil / der Heiligen im Licht, der du / uns ja
errettet hast ... aus der Macht der Finsternis und / hast uns versetzt
in das / Reich deines lieben Sohnes zu / unserer Erlösung. ... Wir
haben die Vergebung der / Sünden durch sein Blut, durch / Christus,
dem Ebenbilde des / unsichtbaren Gottes, ... der Erstgeborene, vor
al-ler Schöpfung. In ihm ist / alles geschaffen was im Him-mel und
auf Erden ist, ... das Sichtbare und das Unsicht-bare, es sei'n
Throne, / Herrschaften und Fürstentümer / oder Obrigkeiten. ... Es
ist alles durch ihn geschaf-fen und alles zu ihm. / Er ist vor allem
und es be-steht auch alles in ihm. ... Und er ist das Haupt des
Leibes, / nämlich der Gemeinde; / er ist der Anfang, der Erstge-
bor'ne von den Toten. ... Damit er in allen Dingen / den Vorrang
habe, denn / es war das Wohlgefallen, dass / in ihm all Füll wohne.

173   1. Timotheus 2,1-10

Unser HERR Gott, du hast uns ge-boten uns als Kirche / zum Bitten
zu versammeln, zum / Kirchen-Gebetstreffen. ... Die Apostel mit
der frühen / Kirche trafen sich im / Obergemach, zu flehen in / der
oberen Kammer. ... Als ihnen das Predigen ver-wehrt wurde traf
sich die / frühe Kirche zum Gebet, wie / dein Wort es deutlich sagt.
... Wo zwei eins werden auf Erden / irgendwas zu bitten, / so soll es
ihnen widerfahr'n / vom Vater im Himmel. ... Wo zwei oder drei
versammelt / sind in Christi Namen, / ist er in unserer Mitte, /
Christus, der Sohn Gottes. ... Du hast gesagt, dieses Gebets-treffen
ist vorrangig, / das Treffen ist wichtig vor all-en anderen Dingen. ...
Und wir bringen vor allem Bitt-en dar, wie du befiehlst. / So erhöre,
o HERR, wenn wir / uns zu dir versammeln, ... höre auf unser

Schreien, wenn / wir zu dir rufen, Gott! / Männer, kommt ohn' Zorn und Zweifel, / Frauen in Schicklichkeit. … So wird uns unser HERR Gott hör'n, / ja, du wirst uns erhör'n, / wenn wir kommen um im Namen / von Christus zu beten.

174 1. Timotheus 3,1-7; Titus 1,6-9

Das köstlich Werk des Bischofsamt / wer es begehrt tut wohl, / untadelig soll er nur sein, / wer es einnehmen will. … Er darf nicht hab'n der vielen Frau'n, / keusch und rein muss er sein, / ein Haushalter Gottes ist er, / niemals eigensinnig; … ein Pfarrer soll nicht zornig sein, / ist gerecht und heilig, / enthaltsam und beherrschet sich, / er ist des Guten Freund. … Verständig und nüchtern im Sinn, / kein töricht hitzig Kopf; / besonnen und ausgewogen, / der sich Ehre verdient, … gastfreundlich sein ist seine Pflicht, / ohne dies geht es nicht; / er muss geschickt zum Lehren sein, / man hört ihm gerne zu; … mit Wein sauft er sich niemals voll, / ist gewiss kein Schläger, / er sucht nicht schändlichen Gewinn, / ist fair und gelinde; … und ist nicht übermäßig streng, / friedlich streitet er nicht, / Geld und Besitz ist nicht sein Ziel, / Gier und Geiz ist ihm fern; … seinen Hausstand führet er gut, / die Kinder sind gläubig, / gegen sie gibt es keine Klag', / sie sind nicht liederlich; … denn wäre sein Haus wüst und wild / so ist es auch die Kirch', / es darf kein Neuling sein im Glaub'n, / dass er sich nicht aufbläht; … und dann von Gott verurteilt wird, / wie der Teufel es ward. / Er muss ein gutes Zeugnis hab'n, / von Außenstehenden, … damit er nicht verlästert wird, / und Schmach erleiden muss, / denn dann hat ihn der Teufel wohl, / in seinen Stricken fest. … Er hält fest am wahrhaftig Wort, / genau wie's ihm gelehrt, / er ist mächtig zum Ermahnen / durch die heilsame Lehr', … dass wenn ihm widersprochen wird, / so weiset er zurecht. / Setzet diese Ältesten ein, / wie's euch befohlen ist.

Diese letzten Tage sind greu-liche Zeiten. Denn die / Menschen sind selbstsüchtig, und geld-gierig, sind prahlerisch, ... hochmütig und sind Lästerer. / Sie sind den Eltern un-gehorsam und undankbar und / unheilig und lieblos, ... sind unversöhnlich, verleumde-risch, unenthaltsam, wild, / dem Guten feind, Verräter, un-bedacht, aufgeblasen, ... und die Menschen lieben das Ver-gnügen mehr als Gott, und / sie haben nur den Schein eines / gottseligen Wesens, … aber seine Kraft verleugnen / sie; und solche meide. / Denn Gott hat sie dahingege-ben in verkehrten Sinn, … um das zu tun, was nicht taugt, voll / von aller Ungerech-tigkeit, Hurerei, Schlechtigkeit, / Habgier, Bosheit, voll Neid … Mord, Hader, List, voll Niedertracht, / Ohrenbläser, Verleum-der, Gotteshasser, Frevler, er-finderisch im Bösen, … sind unvernünftig, treulos und / lieblos, unversöhnlich / unbarmherzig, wissen dass sie / des Todes würdig sind. … Sie sind voller Ehebruch und / Unreinigkeit, Ausschwei-fung, Götzendienst Zauberei, Feind-schaft, Hader, Eifersucht, … sind voll Zorn und Zank und Zwietracht, / Spaltungen, Neid, und tun / saufen und fressen und derglei-chen viel Werke des Fleisch's. … Sie sind verzagt, feig, ungläubig, / von Greueln befleckt, sind / Lügner, sie haben die Lüge / lieb und tun sie auch gern; … sind Diebe und reden falsches / Zeugnis, haben böse / Augen und folgen dem Tier aus / dem Meer, wie prophezeit, … sind römisch-katholisch und fol-gen dem Tier aus der Erd, / der evangelischen und re-formierten Kirche, nach. … Die Sünden dieser Kirchen rei-chen bis an den Himmel / und Gott denkt an ihren Frevel / und wird sich bald rächen. … Diese beiden werden leben-dig in den feurigen / Pfuhl geworfen, der mit Schwefel / brennt, wie es geschrieben. … Glückselig sind, die Gottes Ge-bote tun, auf dass sie / Anrecht haben am Baum des Le-bens und zur Stadt eingeh'n. … Glückselig, die gute Werke / tun und die nach Herrlich-keit und Ehre und Unvergäng-lichkeit stetig trachten. … Ich will mich des Herrn rühmen und / halt mich nicht selbst für klug. / Und ich liebe

die Brüder mit / herzinniger Liebe. … Ich hasse das Böse und hange dem Guten an; und / bin nicht träge im Fleiß und hal-te stets an
am Gebet; … ich übe Gastfreundschaft und die-ne dem Herrn. Ich
vergelt / niemand Böses mit Bösem. Ge-denk, mein Gott, mir daran
… und tilge nicht aus meine Barm-herzigkeit, die ich an / meines
Gottes Hause und an / seinem Dienst getan hab! … Ich vertraue dir
mit kindli-chem Vertrauen und bleib / in der Einfalt von Christus.
Ich / richt keine Spaltung an; … ich geb' keinen Anstoß und acht /
auf schwache Gewissen, / ich hass die Nikolaiten, / wie du geboten
hast. … Ich halt fest die Überliefe-rungen der Apostel. / Mein Gott,
gedenke mir des und / schone mein in Gnade! … Du, o HERR, tust
wohl an mir nach / meiner Gerechtigkeit; / und du vergiltst mir nach
der Rei-nigkeit meiner Hände, … denn ich liebe meine Feind und /
segne, die mich fluchen / und tue wohl denen, die mich / hassen und
bitt für sie, … die mich beleidigen und ver-folgen. Und du hast einen hellen Schein in mein Herz ge-geben und mich erleucht. … Du
hast mich erleuchtet zur Er-kenntnis der Herrlichkeit / Gottes im
Angesicht Jesu / Christi, meines Herren. … Du hast mich gesegnet
mit al-lem geistlichen Segen / in den Himmeln durch Christus; Vater, du hast mich erwählt, … hast mich in Christus bestimmt, eh /
der Welt Grund gelegt war, / dass ich heilig und untade-lig vor ihm
sein sollte; … in Liebe hast du mich zuvor / verordnet zur
Kindschaft / für dich selbst durch Jesus Christus, nach deinem
Wohlgefall'n, … du hast mich bestimmt, zum Lob der / Herrlichkeit
deiner Gnad. / Im Herrn Jesus haben wir die / Erlösung durch sein
Blut, … die Vergebung der Sünden, nach / dem Reichtum deiner
Gnad. / Dir sei die Ehr, von Ewigkeit / zu Ewigkeit. Amen.

176   1. Petrus 2,6

Der HERR hat die Gemeinde ge-gründet auf Jesus Christ / dem
Eckstein, wohl dem, der sich birgt / bei ihm und wehe dem, … der
Anstoß nimmt am Sohn Gottes. / Seine Stimme zerbricht / die

Zedern, in seinem Tempel / ruft ihm alles heilig. … Vor ihm scheue sich der Welt En-den, ja Herr Zebaoth, / so ist es wohlgefällig vor / dir. Jesus Christus herrscht … in der Gemeinde in Wahrheit / und Gerechtigkeit ist / sein hoheitliches Kleid. Auf sei-nem Haupt sind viele Kron'n … und er hat einen Namen ge-schrieben, den niemand weiß, / als er selbst. Treu und wahrhaftig / sind seine Gerichte, … er ist unsere feste Burg, / unser Schild und Schirm. In / seiner Gemeinde jubelt ihm / alles zu, er sitzt hoch … erhöht, zur rechten des Vaters / der Herrlichkeit. Sein E-vangelium gibt allen Völ-kern Hoffnung, ja, Jesus … Christus ist unsere einzi-ge Hoffnung. Es ist kein / anderer Name unter dem / Himmel den Menschen geb'n, … darin wir sollen gerettet / werden. Mit Zuversicht / treten wir hinzu zu dem Thron / der Gnade, auf dass wir … Barmherzigkeit empfangen und / Gnade finden zu der / Zeit, wenn wir Hilfe nötig ha-ben. König aus aller … Welt sind in deinem Reich, Herr Je-sus Christus, du hast uns / zu Königen und Priestern ge-macht, ein Volk des Wohlg'fall'ns, … wie von alters prophezeit. Al-les ist eingetroffen, / und alles hat sich wunderbar / erfüllet in diesen … letzten Tagen, Herr Zebaoth. / Wir danken dir von Her-zen und singen fröhlich deinem / Namen von Ewigkeit … zu Ewigkeit. Amen.

177   **1. Johannes 5,7**

Halleluja! Lobet den Na-men des Vaters, des Worts / und des Heiligen Geistes, denn / diese drei sind's, die da … Zeugnis geben im Himmel. Und / diese drei sind eins. Gott / ist einer und seine Natur / ist ungeteilt. Er ist … Liebe, er ist Licht und sein We-sen ist einfach! Lobt den / HERRN, denn er hat Christus uns'ren Sündenbock Asasel … in die Wildnis geschickt! Unser / Josua geht voran / in das Land Kanaan. Aus dem / Tempel Hesekiels … fließt Wasser ins Meer und dessel-ben Wasser werd'n gesund. / Ja alles, was darin lebt und / webt, dahin diese Ström … kommen, das lebt.

Die Bäume da-ran bringen all Monat / neue Früchte und ihre Blätter dienen zur Arznei. … Wohl der Kirche in der kein Sau-erteig
gefunden wird. / Wohl denen, die sich Gott ganz hin-geb'n wie
Nasiräer … und Gottgeweihte. Der HERR hat / Gefallen an denen, /
die morgens und abends im Tem-pel dienen, die Lampen … stets
mit Öl füllen und anzün-den. Heilige Gemeind, / preise den
HERRN; lobt ihr Christen, / euren Gott! Er gibt euch … Nahrung
und Kleidung, legt ihm die / Schaubrote dafür dar! / Kommt mit
Jubelgesang und mit / Harfen und spielt dem HERRN … mit
Freuden! Baut die Stiftshütte, / baut die Kirche darin / Gottes
Herrlichkeit wohnt! Fügt nichts / hinzu und nehmt nichts weg, …
macht alles so wie angeord-net! Lobet ihn alle / seine Engel!
Christus ward ge-opfert dort am großen … Versöhnungstag. Er ist
unsre / Freistadt dahin wir flieh'n. / Gottes Lade ist in unse-rer
Kirch und er bezeugt … sich uns dort. Der Gnadenstuhl be-deckt
unsere Sünden, / Christus ist der Sühnedeckel. / Unser Boas hat uns
… gelöst. Der HERR hat sein Gesetz / auf unser Herz geschrieb'n. /
Ihr Christen, lobet den HERRN! Hal-leluja!

178   Offenbarung 1,9-20

Wer ist dort unter den Leuchtern? / Gleich einem Menschensohn, /
mit langem Gewand angetan, / um die Brust ein Gürtel; … ein
güldner Gürtel und sein Haupt / war wie die Wolle weiß, / sein Haar
war ebenso wie Schnee, / feurig, der Augen sein; … seine Füße sind
Golderz gleich, / das im Ofen glühet, / wie Wasserrauschen ist sein
Stimm, / sieben Stern in der Hand, … ein scharfes zweischneidiges
Schwert / ging aus seinem Munde, / der Sonne gleich sein
Angesicht, / leuchtend in ihrer Kraft. … „Ich bin der Erste und
Letzte, / ich war tot, doch siehe, / ich leb' in Ewigkeit, Amen. / Und
die Schlüssel hab' ich; … die Schlüssel von Tod und Hölle." / Es ist
Christus, der Herr, / das zweischneidig Schwert ist sein Wort, /
durchdringend Mark und Bein; … und die Leuchter, das sind

Kirchen / und die Stern' sind Pfarrer, / der Herr ist unter den Kirchen, / die Pfarrer in der Hand;

179   Offenbarung 5,13

Dem, der auf dem Stuhl sitzt, und dem / Lamm sei Lob und Ehr und / Preis und Gewalt von Ewigkeit / zu Ewigkeit! Amen. ... Jesus Christus, der Sohn des Men-schen ist in die Welt ge-kommen, zu suchen und zu ret-ten, was verloren ist. ... Wer ihn bekennt vor den Menschen, / den wird er bekennen / vor seinem himmlischen Vater / und vor seinen Engeln. ... Wer Christus aber verleugnet / vor den Menschen, den wird / er einst auch verleugnen vor sei-nem himmlischen Vater. ... Er ist nicht gekommen, Frieden / zu senden auf die Erd, / sondern das Schwert. Denn er ist ge-kommen, zu entzweien ... den Sohn mit seinem Vater, die / Tochter mit der Mutter / und auch die Schwiegertochter mit / ihrer Schwiegermutter. ... Des Menschen Feind werd'n sein die ei-genen Hausgenossen. / Wer Vater, Mutter mehr liebt als / ihn, ist seiner nicht wert; ... wer Sohn oder Tochter mehr liebt / als ihn, der ist seiner / nicht wert. Und wer nicht sein Kreuz auf sich / nimmt und folgt ihm nach ... Jesus Christus sagt: Kommet her / zu mir alle, die ihr / mühselig und beladen seid; / ich will euch erquicken. ... Christus sagt: Nehmet auf euch mein / Joch und lernet von mir; / denn ich bin sanftmütig und von / Herzen demütiglich; ... lernt ihr von mir, so werdet ihr / Ruhe finden für eu-re Seelen. Denn mein Joch ist sanft, / und meine Last ist leicht. ... Wir sind das Salz der Erde und / sind das Licht der Welt und / lassen unser Licht leuchten vor / den Leuten in der Welt, ... damit sie unsre guten Werk / sehen und unseren / Vater im Himmel preisen am / Tage der Heimsuchung. ... Ich ringe danach, dass ich durch / die enge Pforte geh; / denn viele werden danach trach-ten und werd'ns nicht vermög'n. ... Denn die Gerechten werden kaum / gerettet, d'rum sag ich / allem ab, was ich habe, auf / dass ich ein Jünger sei. ... Ich liebe Jesus Christus und / halte sein

Wort und der / Vater liebt mich und sie machen / beide bei mir Wohnung. … Der Heilige Geist lehrt mich al-les und erinnert mich / an Christi Worte. Und ich halt / seine Gebote und … bleibe in seiner Liebe. Und / Christi Freud ist in mir / und meine Freud ist vollkommen; / ich lieb alle Brüder. … Die Welt hasst mich, wie sie Christus / vor mir gehasset hat. / Die Welt hasst mich, weil Christus mich / aus der Welt erwählt hat … und ich nicht mehr von der Welt bin. / Ich habe Christi Wort / angenommen und an ihn ge-glaubt und nun bin ich sein.

180

Nach Ausbund 44, ein Lied von Jörg Simons, in Niederlande gerichtet 1557.

Merkt auf ihr Völker was ich euch / sagen will, haltet eu-ren Kindern Gottes Wort scharf vor, / das ist ein guter Schatz. … Lebt selbst danach und gebt ein gu-tes Beispiel, so wird Gott / gepriesen. Jörg Simons hat in / Nöten seinem Sohn g'schrieb'n, … weil man ihn in Harlem töten / wollte. Er wurde ge-fangen wegen der Wahrheit und / schreibt euch dies. Er sprach, mein … Sohn, neig dein Ohr zu meiner Leh-re, sei gehorsam und / wende dich vom Bösen. Hab Gott / allezeit vor Augen … in deinem ganzen Leben und / frag nicht nach der Welt. Wenn / Gott dir seinen Willen offen-bart, dann eile ihm nach. … Sei allein bei den Frommen und / meid die stolzen Knaben. / Gedenk daran, dass wir vors Ge-richt gestellt werden mit … unseren Werken. Leb nicht nach / dem Fleisch oder dem Ei-genwillen, sondern allein nach / Gottes Willen. Die nach … dem Fleisch leben sind lebendig / tot. Gott ist mit denen, / die die Werke des Fleisches tö-ten. Fleischlich gesinnt sein … ist Feindschaft gegen Gott darum / ist der Reiche in den / Flammen. Lies die Schrift und halt ei-nen Unterschied zwischen … Gottes Lehre und Menschen Leh-re. Das ist mein Herzens-wunsch, dass du nicht in die Schmerzen / der Gottlosen kommst, die … die Frommen hassen. Fünfzehn-sieben-und-fünfzig stellten / sie Jörg Simons an den Pfahl. Neh-met es zu Herzen ihr … Eltern und gebet ein feines / Vorbild euren Kindern, / dass sie nur gute Früchte in / euch sehen. Gepriesen … sei der Herr! Amen.

181

Nach Ausbund 45; ein neues geistliches Lied, worin ein Nachfolger Christi klagt, dass ihn Trübsal um des Wortes willen getroffen hat: Der Herr antwortet ihm sanftmütig, mit einer Erzählung wie es ihm in dieser Welt auch ergangen sei; von Hans Büchel im Gefängnis zu Passau gedichtet 1535-40.

Es begab sich zu der Zeit als / ich vertrieben war, da / sank ich in Traurigkeit als ich / von Weib und Kind fortgeh'n … musste. Es regnete sehr und / der Wind wehte. Ich ging / auf meiner Straße und sagte / Gott meinen Kummer an, … er soll mich nicht verlassen. Ich / seufzte sehr und weinte. / O höchster Schöpfer, du gabst mir / Weib und kleine Kinder, … dass ich sie ernähre, aber / die Obrigkeit will mich / nicht lassen und kränkt mich über / die Maßen. Ich hab kein'n … Frevel begangen, aber ich / erhielt eine Antwort: / Die Vögel haben Nester und / die Füchse Gruben, doch … der Sohn des Menschen hat nichts wo-rauf er sein Haupt lege. / Christus, der Herr spricht: Ich muss Ge-walt leiden von Juden … und Heiden und um meinen Rock / warf man das Los, sie mach-ten mich nackt und bloß. Ich hab ei-nen Brief bekommen, dass … ich ins Gefängnis muss, als hätt / ich einen Mord getan. / Man hat mich angespeit und ge-kreuzigt und eine Dorn'n-krone aufgesetzt. Man gab mir / Essig und Galle zu / trinken und sie sagten: Bist du / Gott, so steige vom Kreuz. … Sie nennen mich einen Schwärmer / und Schwindelgeist, ein Teu-fel muss ich sein. Wenn ich mich vom / Bösen absondere, … sagen sie, ich krieche in die / Winkel. Wer mir nachfolgt, / dem wird es gehen wie es mir / ging. Die Pfaffen sagen … dieses Volk soll durchs Schwert ausge-rottet werden. Sie zähl-ten mich unter die

Mörder, Ba-rabas ward frei, doch ich … ward gekreuzigt. O Gott! Wer mag / deine inbrünstige / Liebe aussprechen? Ein Herz möch-te zerbrechen daran, … dass man so hart gegen dich ist / und du uns dennoch so / gütig bist. Herr gib mir Geduld / und verzeih allen die … Sünde, die mich hassen. Ich hät-te dir viel zu sagen, / aber ich kann nicht. Ich ging in / einen Wald und weinte … bitterlich. Herr behüte mein / Weib und Kind! O Gott, ich / hab vertrauen.

182

Nach Ausbund 46; ein neues geistliches Lied von der jetzigen erschrecklichen letzten Zeit, in welcher sich so viele Sekten und falsche Propheten offenbaren mitsamt den blutgierigen Tyrannen; von Hans Büchel im Gefängnis zu Passau gedichtet 1535-40.

Es ist eine gefährliche / Zeit wie sie nie gehört / wurde seit Gott den Himmel und / die Erd geschaffen hat. … Die Fürsten regieren das geist-liche Schwert, wie sie die / falschen Propheten lehren und / die Frommen wissen nicht … wohin. Alle Sünden die man / erdenken kann sind jetzt / alltäglich und alle rühmen / sich als Gemeind Gottes. … Die Türken, Juden, Heiden, Papst, / Luther und andere / Sekten viel, die ich nicht all er-zählen will, ein jeder … will Recht behalten. Ein Volk hasst / das andere, ach Gott, / sieh du darein! Errette die / Auserwählten! Meine … Vertrauten haben mich betro-gen, ach Herr, verzeihe / ihnen! In Worms ratschlagten die / Hohenpriester und die … Schriftgelehrten im sieben-und-fünfzigsten Jahr, dass all / mit dem Schwert gerichtet werden, / die ihnen etwas zu … wider lehren. Und wer nicht in / die Kirche will muss ins / Gefängnis und gequält werden / bis sie widerrufen. … Wer hat so etwas je gehört, / dass man Christen mit dem / Schwert zu Gottes Reich bekehrt? Hab / Geduld o frommer Christ … und speise deine Feinde sanft-mütig und erzeige / jedermann Barmherzigkeit, so / wie es dein Vater tut! … Halt dich lauter, keusch und rein und / vermeide allen bö-sen Schein und lass die

Freundlichkeit / des Herrn vor allen kund … werden. Was du willst haben, das / tu auch den anderen. / Gebrauch das rechte Maß in allen Dingen und liebe … deinen Feind von Herzensgrund, die / dich vermaledeien. / Rate ihm und leihe ihm, da-ran wird ein Freund des Herrn … erkannt. O Welt, dein Abendmahl / und Taufen ist umsonst, / wenn du nicht die Gebote hältst! / Was hilft's Kirchen laufen? … Ihr lebt den Heid'n gleich mit Wucher / und Gotteslästerung, / Geiz, Spiel'n, Fressen, Saufen, Hochmut, / Ehebruch, Götzendienst, …Wortkrieg, lügen und betrügen. / Die Christen verjag'n sie / und geb'n ihnen nichts zu essen / und keine Behausung. … Und wen man erwischt, der muss mit / hoher Straf ins G'fängnis. / Es wäre besser für sie, dass / sie mit einem Mühlstein … um den Hals ins Meer geworfen / würden. Wer den unschul-digen ein Anstoß ist, wäre / besser nie geboren. … Denn Gott wird das Blut seiner Zeu-gen in sei'm Zorn rächen. / Christus spricht, ich litt Hunger und / Durst, war nackt und krank und … gefangen und ihr gabt mir kein / Brot und habt mich nicht be-kleidet oder besucht. Weicht ihr / Übeltäter! Euch ist … das ewige Feuer berei-tet. Kommt ihr Gesegne-ten und nehmt das Reich meines Va-ters ein und freuet euch … ewiglich! Denn ihr habt mir Lie-be erzeigt und mit mir / Leid getragen. Darum gedenkt / daran ihr Obersten … und Geringen, ihr Reichen und / Armen, dass ihr euch dem / Nächsten erbarmt. Bekehr dich von / Herzen, so wird sich das … ganze himmlische Heer mit dir / freuen. Gott helfe uns / allen, Amen.

183

Nach verschiedenen Ausbund-Strophen: 69 Str. 1 + 17 + 21, 50 Str. 13, 54 Str. 22, 66 Str. 18, 68 Str. 13 + 16, 71 Str. 8-11, 72 Str. 2-10.

Ich will singen zu Gottes Eh-re, dass man sich kehr zur / rechten Bahn. Christus sprach von die-ser Zeit, die Fürsten und … Herren sind von der Wahrheit ab-geirrt und wer es ihn'n / sagen will kommt als erster dran / und wird getötet. Sie … werden gehasst von jedermann / und viele sterben in / Unschuld genauso wie der Herr / Jesus Christus. Und die … Schriftgelehrten und Pharao / rühmen sich Christen und / sind es nicht, man kennt sie nach ih-ren Früchten. Die Schrift lehrt … in Einfältigkeit den Weg zur / Seligkeit, und kein Welt-weiser trifft ihren Inhalt. Lut-her spricht, dass Gott alles … gebietet, was er haben will. / Nun frag ich alle Ge-lehrten frei, wo Kindertauf ge-boten sei? Sie sagen … über Wein und Brot: Wer nicht glaubt: / Christus ist im Ele-ment, der wird geköpft oder ver-brennt. Dem Tier aus dem Meer … wird das Haupt verwundet durch die / evangelische Lehr. / Das Tier aus der Erd tut alle / Macht des ersten Tiers mit … Zwang und Menschen-Lehr. Mit zwei Hör-nern kommts in Lamm's Gestalt / – so sind es zwei – der neue Papst / und der alt. Der feurig … Pfuhl ist schon bereit worin das / Tier muss brennen und all / die mit ihm rennen. Ihre Zahl / ist wie der Sand am Meer, … der falsch Prophet mit seinem Heer. / Dem Tier geht es wie dem, / der sich davon verführen lässt, / sie werd'n nimmer Ruh hab'n. … Die Evangelischen zwingen / mich ihren Glauben an-zunehmen und sie für Brüder / anzusehen, doch seid … ihr die Hure Babylon. Sie / tränkt euch mit ihrem Kelch / der Sünde und verblendet euch. / Lucifer ist euer … Oberster und er sendet sei-ne Propheten in al-le Länder um Gottes Wort zu / verfälschen und Christen … zu töten. Die römischen Ty-rannen rotteten Chris-ten aus nach den Aposteln bis / der Antichrist aufkam … an allen Orten. Alle ir-dischen Schätze hat er / in der Hand und gibt es seinen / Dienern und der arme … Christ muss Hunger leiden, wird ver-folgt und verbrannt. Der reich / Micha sitzt sanft und wohl und hat / seinen Priester bestellt, … der ihm predigt, was ihm gefällt. / Der Lehrer hat seine / Speis und sein Kleid und der Tempel / ist gebaut. So folgt der … Reiche seiner Lehr und traut auf / die Götzen. Die Prophe-ten des Antichrists essen vom / Tisch Isebels und wer … ihr gemaltes Bild nicht ehrt wird / mit Zorn verfolgt, aber / sie müssen untergehen wie / Pharaos Heer. Wenn ein …

Christ kommt widerstehen ihm die / Gelehrten und nennen / ihn einen Zerstörer Isra-els. Überall sind falsch … Lehrer und sagen Christus ist / da und dort. Sie sprechen / Friede, Friede, aber es ist / doch kein Friede. Und Gott … sendet seine Plagen aus. Ich / ermahne hier alle / Prediger und Obersten, dass / sie umkehren und sich … ein Beispiel nehmen an ande-ren Ländern. Gott hat ihn'n / ein Ende gemacht, wenn sie Got-tes Männer geschändet … haben. Jeder soll sich zu Chris-tus kehren, er hat uns / schon oft gewarnt mit Tod, Krieg und / Hungersnot. Wollet ihr … eure Sünden nicht lassen und / Christus erkennen, dann / werdet ihr im Meer untergeh'n, / die ihr euch Christen nennt, … Amen.

184

Nach verschiedenen Ausbund-Strophen: 76 Str. 1 + 4, 91 Str. 10-12, 108 Str. 11, 98 Str. 6 + 8, 100 Str. 12, 103 Str. 15, 106 Str. 24, 110 Str. 2-3, 121 Str. 1.

Wo soll ich mich hinkehr'n in al-ler meiner Not? Gott wird / mein Helfer sein! Du wirst mich nicht / verlassen. Sie schelten … mich einen Ketzer, weil ich Got-tes Wort liebe. Wer Sünd / tut, der ist vom Teufel und tut / seine Werke und wird … in die ewige Höllenpein / verstoßen. Der Teufel / sündigt von Anfang an und ist / der Vater der Lüge. … Alle, die mit der Sünde ver-blendet sind, sind seine / Kinder. Ein Kind Gottes sündigt / nicht, sie haben ihr Fleisch … gekreuzigt. Wer aus Gott gebor'n / ist, der tut nicht Sünde, / denn sein Same bleibt in ihm. Wer / die Taufe hat ist in … den Tod Christi gepflanzt worden, / alle seine Begierd / ist gekreuzigt und er ist neu / geboren. Christus sagt, … es kommt die Zeit, dass jeder, der / euch tötet, meinen wird, / er tue Gott einen Dienst da-mit. Freut euch, wenn euch die … Welt hasst! Gedenkt wie sie mich vor / euch gehasst hat und wie / ihre Väter die Propheten / ermordet haben. Ihr … Kinder Gottes, lasset uns das / Wort mit unserm Blut be-zeugen! Ihr Christen, ihr habt wohl / erkannt wer der Sohn des …

Verderbens ist, der Antichrist. / Der Abfall ist schon ge-kommen und viele Verführer / sind auf der Erde. Hör … die Stimm der Seelen unter dem / Altar: O Herr, du Hei-liger und Wahrhaftiger, wie / lange richtest du nicht … und rächst nicht unser Blut an de-nen, die auf der Erde / wohnen? Der Herr spricht: Ruhet noch / eine kleine Zeit bis … eure Mitknechte vollzählig / dazukämen, danach / will ich euch rächen. Wer nicht sein / Haus, Acker, Weib und Kind … verlässt und sein eigenes Le-ben nicht hasst, wird Gottes / Reich nicht finden. Christus spricht das, / damit man gelassen … wird und seinen eigenen Wil-len bricht. Geistlich arm heißt / gelassen zu sein. Gott möge / uns beistehen, dass wir … seine Zeugen bleiben in al-ler Trübsal bis in den / Tod und wir nicht von ihm weichen.

185

Nach Ausbund 102.

Der Antichrist hat sich an Got-tes statt gesetzt und gibt / Gebote nach seinem Willen / und sagt, wer es nicht tut, … der sündigt. Paulus sagt, dass er / sich zu Gott macht. Und wer / ihm nicht glaubt, wird aus dem Land ge-trieben oder um'bracht. … Er verkehrt die Gebote Got-tes und geht mit Pracht ein-her und man muss sich vor ihm nei-gen. Und der Antichrist … gebietet nicht zu heiraten / und Speisen zu meiden, / die Gott geschaffen hat, dass sie / mit Danksagung empfang'n … werden. Der Antichrist spricht, er / kann Sünden vergeben, / wer sie ihm beichtet. Und wer vom / Götzenbrot des Pfaffen … isst, dem sagt er ewige Ru-he zu. Er sagt auch, dass / Christus im Brot sei, aber er / ist es nicht, denn Christus … kommt wie ein Blitz vom Himmel. Der / Antichrist baut eine / schöne Kirche mit Gold und setzt / seinen Gott und seine … Bilder hinein aus Holz, Stein, Gold / und Silber. Gott aber / spricht, verflucht ist, der ein Bild gießt. / Gott wohnt nicht in Tempeln … mit Menschenhänden gemacht und / niemand hat ihn jemals / gesehen. Er lässt Wasser nicht / Wasser bleiben, sondern … weiht es und will damit das Kind / von seiner Erbsünde / waschen, obwohl es nicht glaubt, tauft er / es, sonst wäre es … verdammt. Wenn er ihm im Sudel-bad den Chrisam anschmiert, / kommt es in Gottes Reich, als ob / Gott es ihm ohne dem … nicht geben könnte. Der Antichrist und alle die ihm / gehorchen, werden ins ewi-ge Feuer geworfen, … Amen.

186

Nach Ausbund 105.

Ich wollte gerne singen und / fröhlich sein, aber es / will mir nicht gelingen. Ich bin / in Trübsal und warte … bis mein Tröster kommt. Ich bin in / Tiefen Leid und habe / keine Freude und nur der Herr / kann sie mir wieder geb'n. … Ich harre des Herrn, gib mir Ge-duld in dieser Zeit, dass / ich mich nicht verschulde hier in / meiner Traurigkeit. Mein … Gemüt ist mir zerschlagen, dass / ich möge verzagen. / Was ich längst bekannt habe wird / mir vorgestellt und kommt … mir stets in den Sinn. Es will mein / Gewissen bedrücken, / wo doch keine Sünd ist. Anfech-tung dringt überall so … hart auf mich und will mich zum Wan-ken bringen. Meine Sünd / ist doch abgewaschen, warum / fechtet mich an, was ich … schon bereut habe? Aber dein / Wort sagt, dass die Anfech-tung eine Probe ist und wir / durch viel Leid geläutert … werden sollen, auf dass ich rein / erfunden werd wie Gold. / Der Versucher kommt in Engels / Gestalt mit vielfältig' … List und will Verwirrung anrich-ten. O Herr, bewahre / mein Gewissen vor des Teufels / List und führe mich in …deinen Frieden! Streite gegen / die Anfechtung, dann wirst / du nicht mehr leiden und meine / Freude haben! Ich bin … nur Staub und eine Blume die / verwelkt, gib mir Kraft wie / Simson und dass ich Goliath / besieg. Wenn ich sterbe, … leg mir ein weißes Kleid an! Ich / sage dir in Christus / meinem Sohn, wenn du die Freude / haben willst und mit ihm … auferstehn, musst du mit ihm sterb'n / und im Leiden ihm gleich / werden. So wirst du mit ihm mei-ne

Freud und das ewig … Reich erben. Herr Gott lass mich nicht / zu Spott werden! Du wirst / es mir geben, wenn es dir ge-fällt. Gelobt seist du Herr … für deine Güte, es sei Freu-de oder Schmerz, es ist / alles deine Gabe, ich dank / dir von Herzen. Amen.

187

Nach Ausbund 111.

Herr Gott Vater im Himmelreich, / deine Kinder klagen / dir unsre Not auf Erden. Al-le Völker empören … sich wider uns und geben uns / keinen sicheren Ort. / Die Fürsten ratschlagen wie sie / dein Volk ausrotten, das … du zu deiner Ehre beru-fen hast. Wir sind der gan-zen Welt ein Schauspiel, sie nehmen / uns Gut, Kind und Weib und … stellen uns nach unserm Leib. Doch / beten wir das Tier an, / bekommen wir unser Gut und / Kind und Weib wieder und … dazu auch unser Leben. Das / wollen wir in dieser / Zeit nicht tun, sondern unsern Leib / in der Menschen Händ geb'n. … Denn es ist besser in die Hän-de der Menschen zu fall'n, / als sich gegen Gott zu wenden, / er gibt dann wieder Leb'n. … Wenn du tust, was dir die Menschen / sag'n, dann nimmst du das Mal-zeichen an und betest die gro-ße Hur Babylon an. … Sie lästern Gott im Himmel in / allen Völkern, unzähl-bare Scharen und werden ge-worfen in den feurig … Pfuhl, aber die Versiegelten / sind wenige. Die Hur / Babylon ist trunken vom Blut / der Heiligen, weil sie … das Malzeichen nicht annehmen, / dürfen sie nicht kaufen / oder verkaufen, wie Johannes / sagt. Wer das Zeichen … annimmt wird den Kelch des Zornes / trinken, den ihm Gott ein-schenkt und er wird mit Feuer und / Schwefel gequält werden …unaufhörlich. Wer seine Hand / an den Pflug gelegt hat / und nicht zurückblickt und sich aus-streckt zum Ziel, welches ist … Jesus Christ, den wird Gott aufer-wecken am letzten Tag, / wo verschlungen wird alle Plag. / Christus der Herr sagt, wir … sollen uns nicht fürchten vor de-nen die den Leib töten, / sondern vor dem, der nachdem er / getötet hat auch Macht … hat die Seele in die ewi-ge Pein zu werfen. O / Herr Gott vom Himmelreich sende / uns deine Kraft, dass wir … dir nicht gezwungen, sondern aus / freier Liebe dienen / und alle deine Gebote / halten und nicht sünd'gen. … Sende allen Völkern dein Licht, / dass sie mit dir leben! / Dein Wille geschehe, Herr, dir / sei alle Ehre in … Ewigkeit, Amen.

Made in the USA
Monee, IL
07 July 2026